Ⓢ新潮新書

郷原信郎
GOHARA Nobuo

「法令遵守」が日本を滅ぼす

197

新潮社

まえがき

日本は果たして法治国家だろうか。そのことを私が真剣に考えるようになったのは、今から4年前、長崎地検次席検事の職にあった頃です。次の文章は、「法の日週間」にちなんで当時地元紙に寄稿した随筆の一部です。

《先日、七月から長崎地方検察庁で検察実務修習中の司法修習生に講話をする機会がありました。その冒頭で、「日本は法治国家だと思いますか」と尋ねて挙手を求めたところ、六人全員が手を挙げました。若き法曹の卵たちは、日本が「法治国家」であることにいささかの疑念も持っていないようです。

確かに、日本には憲法があり、数多くの法律が制定され、国や地方の行政も法律に基づいて行われています。市民生活もさまざまな場面で法律とのかかわりを持たざるを得ませんし、企業活動のルールも法律で定められています。しかし、社会の現実を見ると、わが国が実質的な意味で法律によって治められている国だと言えるかどうかは疑問です。

自動車会社のリコール隠し事件、食品の偽装表示事件、助成金の不正受給事件など企業の違法行為、秘書給与の流用、政治資金の違法な処理、公共工事の口利きなどの政治家をめぐる不正事件が、相次いで表面化しています。これらは、一部の不届きな企業や個人による特異な事例でしょうか。

（中略）

法律が定める制度は、内容が社会の実情に適合し、個人や企業の側に法律を順守する意識が定着していれば、その機能が十分に発揮されます。この場合、法律違反行為に対して、その程度と悪質性に応じた制裁を科すことが違反行為を抑止し制度を健全に維持する上で大きな役割を果たします。

しかし、従来のわが国のように、法律に基づかない行政指導によって個人や企業の活動がコントロールされ、非公式な話し合いによる解決が常態化している場合には、法律で定める制度は、しばしば社会の実態と乖離《かいり》し、違法行為が常態化することになります。そこでは、法律に基づく制裁を科することで法律順守を確保するという手法は用いられず、法律に定められた罰則が実際に適用されることもほとんどありません。ところが、たまたま内部告発などで違法行為が表面化すると、行為者や企業に対して厳しい社会的非難が浴びせられ、ここぞとばかりに刑事罰などの制裁が科されることになります。

しかし、それだけでは本当の問題の解決にはなりません。それ以上に重要なことは、法律が十分に機能していないという現実とその背景となっている構造的要因をどのようにして是正するかです。》

この文章の中で指摘している「法治国家ではない日本」の実情は、その後も基本的に変わっていません。

変わっていないどころか、事態は一層深刻になっています。企業不祥事、官庁不祥事などの違法行為の摘発は、その後もとどまるところを知らず、そのたびに、新聞紙上で持ち出される言葉が、「法令遵守」という意味で語られる「コンプライアンス」です。

不祥事を起こした企業、官庁の謝罪会見の決まり文句は「法令遵守が不十分だった。コンプライアンスの徹底を図りたい」。コンプライアンス確立のためにコストを惜しんではならないというのは、今や経営の常識です。コンプライアンスに関するセミナーが各地・各所で行なわれ、コンプライアンス確立のためのコンサルティング会社は大盛況です。

その一方で、法令と実態の乖離という問題が解消されたかと言うと、決してそうではありません。本書で詳しく述べていきますが、公共調達をめぐる談合問題、ライブドア・村上ファンド事件、耐震強度偽装事件など、最近社会問題となった経済事件の多くは、何らかの形で法令やその運用が経済実態と乖離していることが背景になっています。それにもかかわらず、単純な「法令遵守」のひと言で問題を片付けてしまおうとすることで、問題が解決するどころか、一層深刻な事態を招いているのです。

このように法令やその運用と経済実態との乖離が一層深刻な状況になっている背景には、国家公務員倫理法などの影響で、法令の作成や執行を行なう官庁の公務員と民間人との接触が少なくなり、官庁側の認識が経済社会の実情とズレてしまっているという現実があります。

そして、そのようなズレを是正することができず、それを一層ひどくしてしまうのが、官庁発表報道、「法令遵守的報道」をたれ流す御用マスコミの存在です。官庁とマスコミが結びついた圧倒的なプレッシャーの下では、企業側には、単純に法令遵守を行なうことしか選択肢はないように思えます。

こうして世の中が「法令遵守」に埋め尽くされる状況の中で、多くの賢明な組織人達は、法令遵守という意味のコンプライアンスが、多くの弊害をもたらしていることに気づき始めています。抽象的に法令遵守を宣言し、社員に厳命するだけの経営者の動機が、命令に反して社員が行なった違法行為が発覚した場合の「言い訳」を用意しておくことに過ぎないこと、法令遵守によって組織内には違法リスクを恐れて新たな試みを敬遠する「事なかれ主義」が蔓延《まんえん》し、モチベーションを低下させ、組織内に閉塞感を漂わせる結果になっていることを感じています。

しかし、そのことを表立って口にする者はほとんどいません。法治国家においては法令遵守は当然のことであり、それを意味するコンプライアンスに異を唱えることは、法治国家の国民にあるまじき言動と軽蔑されるのが怖いからです。

日本は、決して無法国家ではありません。明治期以降、欧米から近代法が輸入され、大陸法と英米法が混合した精緻な法体系が確立された「法令国家」です。しかし、戦後の経済復興、高度成長を支えた官僚統制的経済体制の下での法令は、現行憲法下での天皇と同様に「象徴としての存在」にとどまり、その間、市民社会、経済社会における現実の機能は限られたものでしかありませんでした。それが、日本が本当の意味の法治国家となり得ない要因となったのです。

日本は、戦争による経済の崩壊の危機から僅《わず》か四半世紀余りで、世界第2位の経済大国へと奇跡の経済復興を遂げました。しかし、それを支えてきた官僚統制的経済は、一方で「市民社会・経済社会と法令との乖離」「法令と実態の乖離」という副産物を生じさせました。それが「非法治国家たる法令国家」という、他にはほとんど例がないであろう奇妙な組合せを生じさせたのです。

このような状況の下で、「法令を守れば良い」「法令にしたがって物事の是非を判断すれば良い」という、通常の法治国家においては当然の法令遵守を単純に推し進めていけば、社会の混乱と矛盾が極限に達することは確実です。その結果もたらされる国家の衰退は、第二次世界大戦後の奇跡の経済復興と同程度に、歴史上稀《まれ》な出来事として後世に語り継がれることになるかも知れません。

今こそ、日本社会における法令の位置づけとそれを遵守することの意味を根本から問い直し、真の法治国家を実現するための方策を真剣に考えなければいけません。本書では、法令をただ漫然と遵守すれば良いという「法令遵守」が弊害をもたらしている事例を取り上げ、それが官庁やマスコミの考え方や行動とどのように結びついているのか、私たちはそれに対してどうしていったら良いのかを考えてみたいと思います。

「法令遵守」が日本を滅ぼす◇目次

第１章　日本は法治国家か

非公式システムとしての談合

法令と実態の乖離の典型的な例が、公共調達をめぐる談合問題です。日本では、公共調達について、予定価格を定めて入札を行い、予定価格以下で最も低い札を入れた者と契約するという原則がとられています。

この「最低価格自動落札方式」「予定価格上限拘束」という制度は、明治22年の会計法で定められ、それ以来、全く変わっていません。明治22年と言えば大日本帝国憲法が発布された年、日本で初めて電気が供給された明治23年の前年です。電気も通っていなかった文明開化の世であれば、公共調達も単純なものばかりですから、入札価格が一番低かった業者に発注し、その価格も発注官庁が上限を定めるということにしても、特に不都合はなかったでしょう。しかし、その後社会はどんどん進歩し、特に、第二次大戦後の高度経済成長の中で公共調達の中身もどんどん高度化・複雑化していきました。その中で品質の高いものを安く調達しようと思えば、その方法は単純なものではありません。

特に工事の場合、契約した段階では、まだ調達の対象物は出来上がっておらず、その後に工事を始めるわけですから、信頼できる業者に発注しなければいけませんし、きちんと工事がされているかどうかのチェックなど、いろいろな面の配慮が必要になります。法令どおりに公共調達を行なうのであれば、法令や制度をそういう公共調達の実態に適合するよう見直していくのが当然のことなのですが、日本では、明治時代の会計法で定められた制度がそのまま維持され、それが実態に合わないところを非公式システムとしての談合が補ってきました。

業者間での話し合いにより、技術力や信用の面で問題がない業者が選定され、その業者が落札するよう談合が行なわれ、発注官庁側も、それを前提にして入札前から業者の協力を得て調達業務を行なうというのが一般的なやり方になっていったのです。

そういうやり方はもちろん会計法の規定に反する違法な行為ですが、これによって初めて公共調達が円滑に進む、というのが実情だったのです。

官民一体の違法制度づくり

日本の公共建設工事をめぐる談合システムが完成したのは、高度経済成長真っ只中の昭和30年代だったと思われます。そこには、高度経済成長期特有の特殊な経済情勢の下での、公共建設工事発注をめぐる特殊な状況がありました。そして、このような談合システムは、建設工事以外の公共調達でも官民一体となった談合構造を完成させることにつながっていきました。

高度経済成長期の日本経済は右肩上がりの成長が続いていました。物価は基本的に上昇傾向にあり、予算規模も拡大し、戦争で疲弊した国土を復興させるための社会資本の整備が行なわれていきました。

その中で膨大な量の公共工事を発注することを求められた官庁にとって、毎年度の予算額を残すことなく執行すること、工事を年度内に完了させること、会計検査で問題を指摘されないことは容易なことではありませんでした。それらを安定的に実現する上で、非公式の「談合システム」は大きな役割を果たしたのです。

談合システムが機能していれば、入札・契約の段階では設計図書は不十分なものでも良く、それは談合によって受注する業者の実情に合わせて適当に変更していけば十分でした。談合によって業者間で信頼できる業者が選定されているわけですから、施工監理を厳格に行なう必要もありませんでした。

また、日本の公共建設工事では、受注業者には工事着工前に40％程度の前払金が支払われ、その後は、出来高に関係なく工事完了後に残金が支払われるのが普通ですが、この制度は、毎月の工事の出来高の確認をしなくて良いという面で発注官庁側にとってはコストの削減につながる反面、不心得な業者が受注した場合には、「前払金の食い逃げ」が行なわれる危険性があります。

そういう不心得な業者が受注することを防止する上でも、業者間の談合による、信頼できる業者かどうかのチェックは大きな機能を果たしたのです。

一方、談合システムは受注業者側にも、受注量の安定と、安定的な利益の確保という面で多大なメリットをもたらしました。しかし、それが不当に過大な利益につながることはありませんでした。「予定価格上限拘束」によって、不当な高値による受注が防止されていたからです。しかも、右肩上がりのインフレ経済ですから、前年度の実勢価格に基づいて定められる予定価格は常に「低めの価格」として設定されることになりました。

予定価格の範囲内での受注は、業者側にとっても相当なコスト削減努力を要求することにつながったのです。

合理的な「富の配分システム」

高度経済成長期までの日本で、談合システムは、入札・契約制度の不備を補って円滑な調達を可能にするだけでなく、高度経済成長の果実としての富を当時の社会・経済状況に適した形で合理的に配分する「富の配分システム」としても、大きな機能を果たしていました。

①建設技術の高度化

日本の高度経済成長の原動力となったのは、傾斜生産方式による鉄鋼、重化学など重工業へのヒト・モノ・カネの集中がもたらした産業の発展ですが、それを支えたのが、建設技術の高度化でした。新幹線などの鉄道や高速道路の建設など交通網の整備、都市での高層ビルの建築など、建設技術開発の高度化によって社会資本の整備が進められたことで、産業の基盤が確立されました。

そのような国際的にも高いレベルの建設技術の開発が可能になったのも、官民一体となった談合システムの構造の下で、大手建設業者に相当程度の利潤がもたらされていたからこそです。その利潤が潤沢に技術開発資金に振り向けられ、建設技術の高度化につながったのです。

会計法の建前どおりに入札における価格競争が行なわれ、受注業者は最低限の利潤しか得られないという状況であれば、このような開発コストを捻出することは困難だったものと思われます。東京など日本の都市に立ち並ぶ高層ビルも、建設技術の進歩がもたらしたものです。

そういう意味で、建設産業への富の配分は、高度経済成長を支える大きな機能を果たしていたと言えます。

②地域の経済振興、中小企業の保護・育成

また、談合システムは、高度経済成長によって生じた富を、都市部だけではなく、地方にも振り向け、地域の経済振興を図るという機能も果たしていました。

前述の傾斜生産方式による基幹産業へのヒト・モノ・カネの集中に伴って、集団就職、出稼ぎなどで大量の労働力が農村部から都市部へ移動しました。それによって地方の経済が疲弊して過疎化するのを防ぐ上で大きな役割を果たしたのが公共工事による地方への利益配分でした。

工事を行なうこと自体による経済的波及効果より、むしろ重要だったのは、地域の雇用促進や税収確保でした。それは、談合システムによって受注業者が安定的な利益を得られるからこそ可能だったのです。そして、このような地方への富の配分の恩恵に与《あずか》ったのは、地方の中小企業でした。

中小企業の保護・育成も、談合システムが果たしてきた重要な役割でした。発注者側でも、一つの工事を分割発注したりして中小企業の受注を可能にした上、中小企業のみを入札指名するというような方法を活用して、中小企業の保護を図ってきました。

③天下りによる公務員の待遇の補填《ほてん》

戦後の経済復興と高度経済成長を支えた大きな要因が、有能な官僚による政策立案と実行でした。官庁がそういう人材を確保するためには、それなりの待遇が必要ですが、公務員給与は戦争によって疲弊した経済状況の下で、極端に低く抑えられていました。

また、官僚組織として合理的なピラミッド型の人事体系を維持することに関しても、年功序列制、終身雇用制の日本型経営が主流で、退職した公務員が個人で再就職先を確保できるような労働市場の流動性が乏しい日本では、官庁の組織をバックにした官から民への労働移動、すなわち「天下り」が最も合理的な方法でした。それを公共調達の分野で制度的に支えたのが官民一体となった談合システムでした。

談合システムは、少なくとも高度経済成長期までは、法律上公務員に与えられる待遇の低さを補填し、一定レベルの経済的保障を与えることで官僚の世界に有能な人材を確保することに関して、一定の機能を果たしてきたのです。

④政治コストの負担

公共工事によって受注業者に提供される利益の一部が国や地方の政治家に還元されて

きたことも、そのこととの是非はともかく、一定の社会的機能を果たしてきたことは否定できません。談合システムによって経営上のリスクから免れ、安定的な受注と利益が確保されている公共工事の受注業界は、その中の一定の割合を公式・非公式の政治献金・選挙資金として議員や首長等の政治家に提供してきました。

戦後、民主主義が社会の価値観の中心に据えられ、国も地方自治体も、少なくとも建前上は、選挙で選ばれた政治家によって運営されることとなりましたが、日本の民主主義は、個人中心の政治献金によって政治コストを賄《まかな》う程には成熟していませんでした。

それに代わって、国・地方の政治コストを負担してきたのが、談合システムによって安定的な受注と利益の確保が可能であった公共工事の受注業界だったのです。

公然と行なわれた違法行為

このように公式の入札・契約制度を補完するだけでなく、一定の社会的・経済的機能も果たしていた談合システムは、少なくとも高度経済成長期までは、日本の社会にとって「半ば公的な性格」を持ったものでした。そのような性格に対応して、談合のやり方も「半ば公然化」していました。

地方の建設業者間での話し合いは、建設業協会などの正式に認可を受けた業界団体の場で開かれ、大手ゼネコン間でも業者間の親睦団体の場などで会合が開かれて、発注に関する情報交換と受注予定者の決定が行なわれていました。少なくとも業界内部においては、談合システムの存在を認識していない者はほとんどいないほど公然の違法行為でした。

その当時も、刑法には談合罪がありましたし、独占禁止法の規定も、談合に関しては今とほとんど変わっていませんが、そのような規定に基づいて談合に対する制裁・処罰が科されることはほとんどありませんでした。

刑法の談合罪が適用されない原因として大きかったのは、談合罪の処罰規定が昭和16年に刑法に導入されたとき、帝国議会での審議を経て、「公正なる価格を害する目的」「不正の利益を得る目的」のいずれかの主観的要件を充たす談合だけが処罰の対象とされたことです。談合の中に「犯罪になる談合」と「犯罪にはならない談合」の二つがあるということが認められたのです。

犯罪に当たる談合の典型的なものが、「不正の利益に当たることが明らかな談合金の授受を伴う談合」です。何のシステムもなく談合を行なうとすれば、受注をあきらめる業者への見返りとして、談合金の授受などが必要になります。

一方、談合システムは、その工事の受注にもっとも相応《ふさわ》しい業者を業者間の話し合いで決めるということですから、通常は、談合金の授受は伴いません。つまり、処罰される恐れのない談合として理想的なものだったのです。

また、「公正なる価格」というのは「競争が行なわれた場合の価格」だというのが判例ですが、談合システムが安定していると「競争価格」というのがそもそも存在しないので、「公正なる価格を害する目的」での談合罪の適用も容易ではなかったのです。

「犯罪にならない談合」というのが認められたことで、警察も、こうしたシステムによる談合は談合罪で摘発しない方針でした。建設業協会で行なわれた談合の後に開かれる懇親会の席に地元の警察署長が招かれるということさえ珍しくなかったのです。

生じ始めた弊害

昭和40年代後半の石油ショックに続く50年代の長期不況の到来により、日本の高度経済成長は終わりました。そして、バブル経済の崩壊によって右肩上がりの成長も終焉《しゅうえん》し、デフレを基調とする経済情勢になりました。

それとともに、公共調達が「富の配分システム」としての機能を果たす時代も終わり、それまで談合システムが果たしていた機能は、逆に大きな弊害をもたらすことになりました。

インフレ基調の経済では、前年ベースの単価で設定される予定価格は、受注業者に厳しい経営努力、合理化努力を求めることになりますが、デフレ経済では、逆に予定価格が業者にとって旨《うま》みのあるものになります。その分、入札における価格競争が行なわれないことによる非効率性、不合理性が顕著になります。

また、規制緩和が進められ、経済官庁の許認可権も大幅に削減される中で、官僚の社会的役割は大きく変化し、その価値は相対的に低下しました。長期化したデフレの影響で公務員給与の割高感が目立つようになり、現在では、法的に公務員に与えられている待遇の手厚さの方が問題とされ、天下りによる公務員の待遇の補塡を正当化する余地はなくなっています。

しかし、自分の力では退職後の再就職が期待できない公務員にとって、発注官庁から受注業界への天下りができるかどうかに老後の生活がかかっているため、官庁側はその先を確保しようと必死の努力をします。中高年の雇用情勢が厳しさを増す中で、民間企業と公務員との退職後の再就職の格差が国民に強い不公平感をもたらすことになります。

公共工事の受注業界による政治コストの負担も、55年体制の下で政治的安定が維持されていた時代には、大きな批判を受けることはあまりありませんでしたが、経済が低成長に移行する頃から、政治と業界の癒着として問題にされることが多くなります。

そして、１９９０年代に入ってからは、自民党分裂による政治の流動化、小選挙区制導入などの政治情勢の激変の中で、政治コストの負担の形態が変わっていきました。政治家が談合システムに介入して、具体的な工事受注の見返りとして建設業者から資金提供を受けることが多くなったのです。こうした性格の事件の摘発が相次ぎ、その度に政治資金規正法が改正され、資金提供に対する罰則も強化されました。

小選挙区制の導入に伴って政党助成金が導入されたこともあって、かつてのような公共工事受注業界による政治コストの負担は、実質的に正当化の根拠が失われていきました。その一方で、不透明な談合システムを背景とする政治献金、選挙資金の提供が行なわれる構図は変わらず、それによって政治が歪《ゆが》められるという弊害が一層大きくなりました。

地方の経済振興という政策目的も、経済構造改革の流れの中で、地方財政の自立化の方向性が顕著になり、公共工事の発注を地方への利益配分ととらえる考え方は、ほとんどとられなくなっています。

「隠蔽」を生んだ制裁強化

このように、談合システムは、その後の日本の経済社会の状況変化によって急速に実態に合わなくなり、弊害の方が大きくなっていきました。

そこで必要なことは、これまでのシステムがもともといかなる社会的・経済的機能を果たしてきたものなのかを明らかにし、それが、社会経済情勢の変化に伴ってどのように実情に合わなくなり、弊害が生じているのかを確かめた上で、日本の公共調達システムのあるべき姿を再検討することでした。

日本の公共調達で維持されてきた談合システムは、戦後の経済復興期と高度成長期の経済情勢の下での調達の実情に適合する一つのシステムでしたが、それは、ある意味では、特殊な状況下でのみ妥当する「仮設建築」のようなものでした。

その場しのぎ的な仮設建築として使うことはやむを得なかったとしても、そういう特殊な状況が終わった段階で撤去すべきでした。高度経済成長が終わった段階で、談合システムという仮設建築を撤去し、本格的な建築物、すなわち、公正な競争による適正かつ効率的な公共調達制度とその運用を確立して、法令と実態の乖離を解消することが必要だったのです。

しかし、実際には、解消の動きは全く生じませんでした。その一つの原因となったのが、昭和50年代以降、徐々に進んでいった談合に対する制裁強化の動きでした。

経済の成長期においては、非公式の談合システムは、一定の経済的・社会的機能を果たしており、その一環としての個別の談合行為に関わることも公共工事に関する一つの「仕事」であり、決して「犯罪行為」ではありませんでした。刑法の談合罪の適用も、入札参加者間で談合金として分配する事案に限られ、業者間で慣行的に行なわれている談合自体はほとんど摘発されることはありませんでした。

しかし、自由競争の促進を目的として競争制限行為を禁止する独占禁止法にとって、会計法などで「入札における競争」が制度上予定されているにもかかわらず、実際には入札での競争が全く行なわれないことを前提にしている「談合システム」は、容認できない違法行為です。

その独禁法に照らして談合システムを「違法」とする動きが、昭和50年代以降、徐々に生じてきました。そして、平成に入って以降はそれが大きな流れとなり、最後には、ほとんど制裁強化一辺倒に偏っていきました。談合システムの形式上の違法性ばかりが強調されるため、その違法行為に関わっている側は、談合システムを極力隠蔽《いんぺい》しようとしました。その結果、実態が明らかになることが妨げられてきたのです。

そのような談合に対する制裁強化一辺倒の動きの原動力になったのが、独占禁止法の運用機関である公正取引委員会の存在でした。奇跡の経済復興を遂げた日本の戦後の経済史の中で、公取委という官庁は特異な生い立ちを歩んできました。その中で生じた日本の独占禁止法の歪みも一因となって、談合システムの問題は、不幸な歴史をたどることになりました。

ここで、独禁法と公取委の歴史を振り返ってみることにします。

独占禁止法の不幸な生い立ち

独占禁止法は、戦後の占領下の昭和22年に、GHQの指導の下に「アメリカ的競争至上主義」を前面に掲げた法律として制定されました。競争関係にある事業者が集まって相談するカルテル的な行為を全て違法とする、という徹底した競争主義でした。

ところが、昭和25年に朝鮮戦争が起きたことで、独禁法を巡る状況は一変することになります。もともとアメリカは、日本の経済を、多少時間はかかってもアメリカと同じような自由競争経済の国にしたいと考えていたのだと思います。戦時下の官僚統制経済の構造を全面的に転換する過程では、当然色々な混乱が生じますが、それを敢えて行なってでも自由競争の国に転換させようと思っていたのだと思います。

しかし、朝鮮戦争によって極東情勢が緊迫したことで、アメリカもそんな気の長いことは考えていられなくなりました。まず日本を経済的に強くしなければならない。そうしないと共産主義勢力が日本を支配してしまうかもしれない。こういう状況の下で、アメリカが当初考えていたような独禁法を中心にした自由競争の方向への全面転換は一時棚上げになりました。

昭和28年には独禁法を大幅に弱体化させる法改正が行なわれました。それ以降、独禁法は「冬の時代」を迎えたのです。公取委はなんとか官庁として生き残ってはいましたが、霞ヶ関の片隅で細々と生き長らえているという状態でした。誰にも振り向いてもらえない状態で、弱々しく独禁法の旗を掲げているだけの存在になってしまったのです。日本の独占禁止法は、アメリカという競争法の家元の嫡男《ちゃくなん》として生まれながら、誕生直後に国際情勢の激変に見舞われたために不幸な生い立ちをたどることになったのです。

企業は放っておけば悪事を働く？

しかし、冬の時代だった独禁法は、昭和30年代の中頃に大きな転機を迎えました。きっかけになったのは「偽牛缶事件」です。

缶詰の表に牛の絵が書いてあって、誰もが「牛肉の大和煮」だと思うような表示がしてあるのに中身は鯨や馬の肉が入っているという、消費者を欺瞞《ぎまん》する商法に対して、消費者団体などから強い批判の声が上がったのです。

ところがその頃は消費者保護法が十分に整備されておらず、そういう欺瞞的な商法を取り締まる個別の法律がありませんでした。そこで独禁法にお鉢が回ってきました。独占禁止法が禁止する「不公正な取引方法」の中に、不当顧客誘引という違反行為が定められていました。不当なやり方でお客さんに商品を買ってもらう、そういう行為は不当顧客誘引に当たるのです。牛肉でもないのに牛肉だと思わせて商品を買わせるような行為は、まさにこれに当たるのではないかということで、独禁法を適用して取り締まることになりました。

その当時、世の中にはこうした欺瞞的な商法が横行していましたから、本格的に摘発するためには、当然、人も予算も必要でした。消費者保護のために公取委に不当な表示を取り締まる部署が設けられ、昭和30年代の中頃から40年代の初めにかけて、公取委の定員は毎年増員されました。それによって独禁法に消費者保護法という一つの性格が与えられることになりました。

独禁法をどのような法律ととらえるのかについては様々な考え方がありますが、企業と企業との間の競争のあり方を定める「競争法」ととらえるのが基本的な考え方だと思います。つまり、企業社会で競争が適正に機能することが国の経済の発展に繋がり、それによって消費者、国民も利益を得るということです。

ところが偽牛缶事件を契機に、独禁法とその運用を行なう公取委の役割は、企業から不当な利益を取り上げて消費者を守ることだという方向に大きく偏ることになりました。企業は放っておくと悪いことをする、悪いことをする企業から消費者を守るのが独禁法だという、「消費者保護法」としての性格が強くなったのです。

もちろん、競争を意図的に制限することで企業の側が儲ければ、最終的には消費者が損をするということになるのは間違いありません。しかしそのことを強調し過ぎると、独禁法は、消費者側と企業側との階級対立を前提にしたイデオロギー的な法律ということになります。

独占禁止法学者による同法の解釈には、多分にそういう傾向があります。独禁法の運用強化を求め、公取委の応援団になってきたのは常に消費者団体だったのです。アメリカの法律家協会には独禁法部会という独立した組織があるのに、日弁連で独禁法の問題を扱っている部署が消費者問題の部会に含まれているのはそういう経緯によるのです。

全面開花した独禁法

消費者保護法としての独禁法の性格をさらに鮮明にすることになったのが、昭和40年代後半の石油ショックでした。

中東戦争の影響による原油価格の急騰、供給不安が日本経済を直撃し、企業にとっては製品の原価を予測することも困難な状況になりました。そうした中、多くの業界で、企業間での価格についての情報交換をして、価格引き上げ幅の決定をしました。公取委は、それらの行為を消費者の利益を害するカルテルだとして独禁法で次々と摘発していきました。まさに消費者保護法としての性格が、石油ショックの時代に全面開花したのです。

しかし、当時の狂乱インフレという経済情勢において、カルテルをどんどん摘発するというやり方が果たして適切だったのかについては、全く別の考え方もあり得ます。競争は常に万能で、あらゆる場合に善かというと、そうではありません。競争がその機能を発揮するのは、取引の当事者に情報が十分に与えられ、自己の責任で判断できる場合です。つまり、競争だけでは解決できないような問題、競争を機能させることが必ずしも適切ではない状況があるのです。

最も典型的なのは、戦時下で極端に物資が不足している場合です。物がない、不足しているから皆で分け合わないといけないというときに自由競争にすれば、配給の列の中で奪い合いの喧嘩が起きるだけです。逆に、皆に必ず配給物資がいきわたると信じさせて、先を争って物を求める心理を鎮静化させ、公平に物を分け与える必要があります。競争を制限しなければならないのです。そう考えると、この石油ショックというのは、競争が最も機能しにくい状況だったと言えます。

皆がインフレ心理にかられ、トイレットペーパー買占め騒ぎまで起きていて、消費者は冷静に判断することができなくなっています。企業の側も、明日の原油価格がいくらになるか分からないわけですから、自分で考えろといっても考えようがありません。自己責任だといっても、自分で責任のとりようもありません。そのため所管官庁に指導してもらったり、業界で情報交換したりして、合理的な価格設定をしていこうという動きが生じるのは、ある意味では当たり前のことです。

こういった状況で最も有効なのは統制経済的手法です。実際に国民生活安定緊急措置法という法律が作られ、価格統制的な手法が導入されました。標準価格を定めて、それを上回る価格で販売した場合には、差額を課徴金として徴収するという制度を設け、官庁には企業に対して強制的な生産命令まで出せる強い権限を与える法律でした。ソフトからハードまで様々な手法を駆使してインフレ心理の鎮静化を図ろうとしたのです。

ところが、世の中の風潮は全く反対の方向に向かっていました。

狂乱インフレの被害者の消費者が、便乗値上げカルテル、買占め・売り惜しみをする悪徳企業に痛めつけられている、という対立構図でとらえるマスコミは、反企業キャンペーンを展開し、その期待を一身に集めた公取委が、様々な業界のカルテルを次々と摘発していきました。

それでもカルテルが一向に後を絶たないと言って行なわれたのが、石油元売各社が全油種について価格引き上げの合意をしたという石油カルテル事件の刑事告発でした。この事件の告発によって、消費者の味方の公取委が「伝家の宝刀」を抜き、狂乱インフレで痛めつけられていた消費者を守ったというイメージが、国民全体に定着することになりました。

企業に脅威の課徴金

この石油カルテル事件の刑事告発については、公取委と検察庁との間で事前の十分な調整が行なわれませんでした。消費者保護の期待を受けた公取委にとっては、何回排除勧告を出してもカルテルを繰り返す石油元売業界に対しては刑事告発という刀を振るう以外に方法はないとして、難色を示す検察庁の意向を無視した形で、告発が行なわれたのです。

それまでの刑事事件とは全く性格の異なる事件が持ち込まれたことが検察庁にとっては大きな負担になった上に、通商産業省の指導を背景にしているということで、いくら捜査をしても、「悪の実体」が見えず、達成感もなく、しかも、最終的に一部は無罪になりました。検察としては、独禁法違反の刑事事件は二度とやりたくないというのが本音でした。

そのような検察の意向を受けた公取委の方でも、独禁法違反事業者に対して刑事罰に代えて何らかの不利益を課す制度を導入することになり、数年後の法改正で導入されたのが課徴金でした。違反行為に係る売上に一定の率をかけた金額を、違反した企業から徴収する制度です。使い勝手の悪い刑事罰を使わなくても、違反行為をした企業から手っ取り早くお金を取ろうというのが当初の導入の目的でした。この背景にも、違反行為をやった企業は儲けているので、その儲けた分を取り返すという考え方がありました。

こうして石油カルテル事件の副産物として生まれた課徴金は、その後、談合システムに対して大きな脅威となっていきました。

独禁法違反に対する措置は、戦後長らく排除措置のみで行なわれていました。「独占禁止法に違反する行為をやめなさい」と言ってカルテル破棄決議や取引先への通知を内容とする措置を命じるだけで、違反事業者に具体的な不利益を生じさせるものではありませんでした。

価格カルテルであれば、会合で具体的に価格引き上げが合意されたりしますから、そのような合意や決定の事実を認定して、排除措置をとることにも意味がありますが、談合システムの場合には、単に昔からすべての物件の受注者を業者間の話し合いで決めているだけです。排除措置だけであれば単に「談合をやめなさい」と命じることしかできず、あえて独禁法を適用してもあまり意味がなかったのです。

しかし、課徴金が導入されたことで、公取委の違反の認定に伴って、談合事業者に具体的な不利益が課されることになり、これによって、公取委は、談合摘発に関しても一つの大きな武器を得ることになりました。

公取委と独禁法の敗北

建設業界の入札談合に対して初めて独禁法による摘発が行なわれたのは、昭和56年の静岡建設業協会等に対する事件（静岡事件）でした。公取委は、静岡県等発注の建設工事をめぐる談合に関して地元中小建設会社と大手ゼネコンに対して立入検査を行ないました。結局、大手ゼネコンは対象から除外されましたが、地元建設業者の事業者団体に対して排除勧告と課徴金納付命令が出されました。

この公取委の摘発に対して、建設業界は強く反発します。政治も巻き込んだ激しい議論の末、昭和59年2月に公取委の「公共工事に係る建設業における事業者団体の諸活動に関する独占禁止法上の指針」が公表されました。

このガイドラインは、「受注予定者の決定」自体は違法としていますが、「事業者団体が構成事業者から公共工事についての受注実績、受注計画などに関する情報を任意に収集し提供すること」「事業者団体が採算性を度外視した安値での受注に関し自粛を要請すること」自体は違法ではないとしていて、それまでの談合システムの主要な構成要素となっていた業者間の情報提供を是認しているように理解されました。それ以降、公取委の建設談合の摘発は影を潜めたのです。

静岡事件における建設談合への独禁法の適用と決着の仕方が、その後の談合問題に混乱を生じさせる発端となりました。

それまで、日本の公共調達をめぐる談合は、「非公式システム」として一定の社会的・経済的機能を果たしてきました。しかし、それは一方で、少なくとも法律上は、公共工事の受注者に義務付けられている「入札での価格競争」を行なわないのですから、「自由競争の促進」を目的とする独禁法に違反するものでした。

高度経済成長期まではほとんど注目されることがなかった独禁法が、経済社会の状況変化を受けて、建設業界の談合問題に斬り込んできたことで、「非公式の談合システム」と独禁法という「法律」との摩擦が表面化したのです。

しかも、その当時、経済が低成長時代に入り、かつてのような談合システムの社会的・経済的機能は失われつつある状況でした。

本来、そこで行なわなければならなかったのは、それまで談合システムが果たしてきた機能を再認識した上で、それを維持していくのであれば、独禁法の方を実態に適合するように改正すること、そうでなければ、談合システムを解消し、独禁法に違反しないように「入札における競争」を中心のシステムに転換していく方法を検討すること、そのいずれを選択するのかを、真剣に議論することでした。

しかし、実際の展開は、それとは全く異なったものでした。

全国紙が反談合キャンペーンを展開し、国民は、政治・行政と業者との癒着・腐敗に結び付く談合に憤慨しました。建設業界は、公共工事をめぐる談合に独禁法を適用することに反発しつつも、その談合が果たしていた機能について全く説明しようとはしませんでした。

結局、実態は明らかにならないまま、談合は形式的に違法行為であるとして攻撃する公取委、それを援護するマスコミの側と、防禦しようとする建設業界、それを援護する政治家の側の対立という構図は、談合システムを事実上容認したようなガイドラインによる不透明な決着に終わったのです。

当時は、公取委の組織も、独禁法運用に対する姿勢も、到底強いとは言えませんでした。公取委は政治と結びついた建設業界の反撃にあえなく敗退しました。談合システムと独占禁止法の問題は、政治的な圧力によって、二度と浮き上がって来ないよう錨《いかり》を付けて海中に沈められたのです。

形だけの談合排除宣言

しかし、この問題は、数年後、米国の対日要求という嵐の中で錨が外れ、にわかに海中から浮かび上がってきたのです。

平成に入った頃から開始された日米構造協議で、日米間に存在する貿易・通商摩擦問題に関連して、米国政府から日本政府に対して厳しい要求が突きつけられました。そのうちの一つが、「独占禁止法の強化による反競争的市場構造の是正」でした。これを受けて、課徴金算定率の引き上げ、独禁法違反に対する罰金の法定刑の引き上げなどの法改正が行なわれ、公取委は、悪質・重大な違反行為に対して積極的に告発する方針を明らかにしました。

このころから、入札談合に対する独占禁止法による処分件数が大幅に増加しましたが、特に大きな社会的関心を呼んだのが、大手ゼネコンによる談合事件の初の摘発となった平成4年の埼玉土曜会談合事件でした。

この事件で公取委が刑事告発の姿勢を見せたことで、建設業界の危機感がにわかに高まりました。結局、刑事告発は行なわれなかったものの、大手ゼネコンはそろって「談合排除宣言」を出し、表面上は、談合をしない建前をとりました。しかし現場では、それまでどおり談合を前提とする営業活動が行なわれ、何の変化もなかったのです。

この時点が、談合システムの大きな曲がり角でした。刑事処罰にも値する実質的な違法行為、犯罪行為であるとのレッテルが貼られた結果、談合は「非公然化」します。業者間の話し合いを誰が担当しているかは社内でもごく一部の人間しか知らず、関係者以外は全く実態がわからない形で隠密裏に行なわれるようになりました。かつては非公式のシステムではあっても半ば「公然」となされ、それなりの業界内的秩序も維持されていた談合は、非公然化に伴ってそのコントロールすら働かなくなっていったのです。

こういう状況の中で、バブル経済崩壊後の長引く不況を打開するため、景気対策として公共事業の大量発注が繰り返されていきました。

証拠隠しと徹底抗戦

公共調達に関連する事件が摘発されるたびに、談合は大きな社会問題になりました。

かつて建設業協会や業界の親睦団体の場で半ば公然となされていた業者間の会合は、一つ一つの発注物件の受注に相応しい業者を話し合いで決めようとするもので、ある意味では、業界内における「民主的な手続」でもありましたが、そのような「民主的な会合」は独禁法に露骨に違反するということで行なえなくなりました。

そのため、担当者間で個別に話し合うしかないわけですが、会合を開くことなく、各社の受注希望を調整して受注者を決めていくことは容易ではないため、何らかの形で有力者の裁定を求めることが多くなりました。これが、地方自治体の首長などの有力者の意向が業界に伝えられ、それにしたがって業者間で受注者を決める「天の声型談合」につながっていったのです。

そのような背景の下で、平成5年に、天の声を発する首長への選挙資金・政治資金の提供が贈収賄罪などに当たるとして、相次いで東京地検特捜部に摘発されたのが、「ゼネコン汚職事件」でした。この事件は、国民の間に、公共工事自体が不正の温床であるかのようなイメージを植え付ける上で大きな効果をもたらしましたが、背景となっていた談合システムの実態が解明されることはほとんどありませんでした。

マスコミは、会計法令上例外と位置付けられている指名競争入札が一般化していることが談合の温床になっていると批判し、談合防止のための公共調達改革として一般競争入札の拡大が叫ばれるようになりました。

これを受けて、中央建設業審議会は、平成6年に、「公共事業の入札・契約手続の改善に関する行動計画」を発表し、それまでの指名競争入札を中心とする契約者選定手法を改めることを宣言しました。同じ年には、前述した昭和50年代の静岡事件を機に妥協の産物として公取委が出した「事業者団体ガイドライン」が廃止され、事業者団体のみならず事業者間の情報交換・受注予定者の決定等も独禁法違反になるとする新ガイドラインが公表されました。

社会的批判が強まる中、課徴金に加えて、発注官庁の指名停止措置が厳しくなり、また、住民訴訟で受注業者が談合による損害を発注自治体へ賠償するよう求められるなど、談合が発覚することによる不利益は格段に大きなものとなっていきます。

しかし、そうした中でも、入札制度・契約の運用などの問題は残っており、談合システムが公式の制度を補充する一定の機能を果たすという構造は変わりませんでした。ほとんどの公共工事で談合が恒常的に行なわれている状況自体に変化はなく、談合の証拠を残さないこと、疑われても徹底して否認することなど、発覚のリスクを低下させるための努力が徹底されることになりました。

公取委の摘発の対象となったのは、主として、発覚防止のための対策が不十分な地方の中小企業の談合で、大手ゼネコンが摘発されることはほとんどなく、摘発されても否認して公取委の調査に抵抗し、審判に持ち込んで事実を争うという徹底抗戦路線がとられました。

極秘の談合を続けていたのは「業務屋」と言われる業界調整の担当者で、社内でも誰にも知られることなく活動し、摘発を受けても絶対に口を割らないという相互の「鉄の結束」が守られていました。

このようなゼネコン側の徹底抗戦が続く中、政党、政治家や自治体の首長等の公共工事受注の口利きの見返りとしての不透明な資金提供事件が相次いで摘発されたこともあって、一層強い社会的批判が浴びせられました。

そして、談合批判の高まりの中で、「予定価格に近い価格」での落札は談合受注を示す証拠だとされ、「落札率」（落札価格の予定価格に対する比率）の数字が、入札結果の善し悪しの唯一の基準であるかのような論調が一般的になっていきました。

白旗を上げたゼネコン

小泉内閣の経済構造改革の下、談合に対する制裁強化を主目的とする独禁法改正によって、課徴金の大幅引き上げ、独禁法違反事実の申告者に対する課徴金の減免制度の導入などが行なわれたことで、建設業界の談合摘発への徹底抗戦路線も大きな転機を迎えました。

日本道路公団発注の橋梁《きょうりょう》工事をめぐる入札談合の独禁法による摘発、防衛施設庁発注の建設工事をめぐる談合事件の刑法の談合罪による摘発などが相次ぎ、改正独禁法の施行を前にした2005年の末、超大手ゼネコン数社間で、談合を行なわない旨《むね》の申し合わせがされたと報じられました。その頃から、公共工事の落札率は大幅に低下し、極端なケースでは予定価格の60%以下になるというような安値受注が常態化する状況になっています。

それは、制裁強化によるインパクトが臨界点を超え、一部で談合システムの崩壊が生じつつあるということです。公取委やマスコミを中心とする談合批判の圧倒的なパワーの前に、しぶとくシステムを維持してきた大手ゼネコンも、「独禁法を遵守し、会計法の原則どおり入札で価格競争を行なえ」という声に白旗を上げた形になっています。

しかし、果たしてこのような動きが、今後の日本の公共調達全体にとって、そして日本社会にとってプラスに働くのでしょうか。

落札率の低下が続けば、工事価格は大幅に低下し、受注業者は採算ギリギリの状態に追い込まれます。そのような状況で、手抜き工事を防止して工事の品質を確保しようと思えば、受注・施工実績などによって入札参加資格を制限するか、工事監理を厳格化することになりますが、前者は新規参入を困難にするためかえって競争を阻害することにつながり、一方、後者では工事監理コストが大幅に増加します。その点を曖昧にしたまま、単純に価格競争だけを激化させていけば、将来、工事の品質・安全性に関して重大な問題が生じることになりかねません。

2003年8月には朱鷺《とき》メッセ連絡通路が風も地震もないのに崩落する事故が起きたのに続いて、2005年3月、超大手ゼネコンが施工した松山市の愛媛県武道館で、建物の耐震強度の根幹というべきアンカーボルトの不適切施工が行なわれ、しかも、技術者がそのことに気づきながらミスを隠蔽していたという問題が発覚しました。そのほかにも、天井の落下事故、破断事故など、建設工事に関する深刻なトラブルが続発しています。

これは、工事の品質・価格・安全性という面を軽視して、談合に対する独禁法の運用を制裁強化一辺倒で進めてきたことと決して無縁ではありません。

入札における価格競争の激化が、これまで談合システムを前提としてきた営業部門や施工部門に混乱を生じさせることは必至です。そうした中で、公共調達全体に蔓延した談合を制裁強化だけで完全になくそうとすれば、相当の年月がかかることは間違いないでしょう。その間、摘発が繰り返され、その度に、建設業界のイメージの低下が続くことは避けられません。

それが、有能な若い技術者が建設業界への就職を避けることにつながり、将来にわたって深刻な技術者不足が生じる可能性もあります。国土を創造し、国の社会インフラを建設する仕事に有能な若者達の力を活用することができないのは国家的な損失です。

そして危機に陥る公共工事

公共工事による社会資本の整備は、総合的に見て良質かつ安全で、しかも安価なものとなるようにするために、いかなる入札・契約制度の下で、いかなる運用を行なうのが適切なのか、という観点から考える必要があります。

会計法が定めている「最低の価格で入札した者が落札する」という建前も、「総合的に見て良質かつ安全で、安価な」調達を実現するという目的のための手段の一つに過ぎません。会計法上義務付けられている入札での価格競争を制限する行為が独禁法違反として禁止されるのも、同様に、目的実現の一つの手段に過ぎないはずです。

ところが、いつの間にか、会計法の原則を守ることと、価格競争に極端に偏った独禁法を遵守すること、すなわち「談合をやめさせること」が、自己目的化してしまい、それさえ達成すれば、あとはどうにでもなるというような単純な議論ばかりが幅を利かせてきました。

このような単純な「談合害悪論」の前に、従来のシステムは崩壊しようとしています。しかし、問題は、「談合を行なうかやめるか」ではありません。それぞれの公共調達の特質に見合った方法で発注がなされ、「総合的に見て良質かつ安全で、安価な」調達が実現されることです。

　電気も供給されていなかった時代から変わっていない化石のような会計法と、戦後経済史の中で大きな歪みが生じた独禁法、この二つの法令の「遵守」が、今、日本の公共調達を重大な危機に陥れようとしています。

第2章　「法令遵守」が企業をダメにする

ライブドア事件は事件か？

「勝ち組」の牙城《がじょう》である六本木ヒルズに最強の捜査機関と謳われる東京地検特捜部の捜査官が隊列を組んで入っていくという華々しい映像で幕を開けたライブドア事件。急成長したライブドアに対して「違法」の判定を下す検察という国家機関が現れたことで、マスコミや政治家はライブドアに対する評価を一変させました。そこでの価値判断の基準は「市場での勝利者かどうか」「当局が違法と判断したか否か」の二つだけです。

では、この「違法」の中身とは何だったのでしょうか。ライブドアが実質的には金融会社で、株式分割と公募増資と企業買収を巧みに組み合わせて時価総額を異常に拡大させてきた会社だということは、以前から多くの人が認識していたことでした。東京地検特捜部が自ら捜査に乗り出した以上、そのような経営手法の問題だけではなく、何か、それまで隠されていたライブドアの「闇の部分」が明らかにされるだろうと誰しもが予測しました。強制捜査着手直後から、暴力団との癒着や海外での不正な蓄財など、ライブドアに関する様々な疑惑が取り沙汰されました。

しかし、それらについての捜査はすべて不発に終わりました。結局、起訴されたのは「偽計取引」「風説の流布」と有価証券報告書の虚偽記載という二つの証券取引法違反事件だけでした。前者は、逮捕の段階では、2004年10月に、ライブドアが出資している「VLMA2号投資事業組合」がその約半年前の6月に出版社マネーライフの株を全株取得していたのに、ライブドアの子会社ライブドアマーケティングがマネーライフを株式交換で完全子会社化すると発表したという容疑内容でしたが、起訴の段階では、マネーライフの時価評価について虚偽の公表をした容疑に変わりました。また後者は、ライブドアが傘下の投資事業組合を使って得た自社株の売却益約37億円を、本来は資本準備金に計上しないといけないのに利益に計上したことと、架空取引による売上約15億円を計上したという粉飾決算の容疑でした。さて、これらの事実は、ライブドアに対する評価を180度変えるほどのものだったのでしょうか。

かねてから批判されていた経営手法

ライブドアの経営手法の違法性は、検察の強制捜査着手以前から指摘されていました。ライブドアの前身のオン・ザ・エッヂは、堀江貴文氏が起業したインターネットホームページ制作会社でした。２０００年に東証マザーズに上場した後は、ポータルサイト事業に進出しましたが、その実態は株式市場から資金を調達し、それを原資に企業買収を行なって時価総額を増加させ、時価総額を利用してさらに企業買収を仕掛けるという、実質的には金融事業が主体でした。そして、時価総額拡大の手段としてライブドアが活用したのが、１００対１という極端なまでの株式分割によって株価を高騰させるやり方でした。

このような手法の違法性について、ライブドアがニッポン放送買収に乗り出してフジサンケイグループとの攻防を続けている頃の２００５年３月15日、日経新聞の匿名コラム「大機小機」で、次のような批判が行なわれていました。

《株券の印刷が間に合わず、売り手が株券の受け渡しができないことを見越して、百対一の株式分割を繰り返したのが今話題の企業である。百対一の株式分割をすれば株価は百分の一になるはずが十八倍にもなる。下がる時期も分かっているから往復で大もうけだ。こんなのはたった今でも違法に決まっているようなものだが、現実には適法とされ、しかし問題だから改正が必要とのことだ。

（中略）

金融弁護士と金融庁に任せておくと、今やっていることは皆、適法とされる。米国は不公正取引を網羅的に捕まえる包括規定が大活躍するため、やましい行為に対する抑止力が働く。日本にもある包括規定を活用すれば、こうした行為の大半はたった今違法だ。「適法だが問題だから法改正」との見解は、害されている被害や損なわれている価値の回復や救済は行わないことを意味する。司法が勇断を示さない限り、日本の資本市場、企業社会の劣化はとどまるところを知らないだろう。》

その頃から、「ホリエモンの錬金術」と題する連載をブログに掲載していた公認会計士の山根治氏は、オン・ザ・エッヂの上場について、実態とはかけ離れた高値の架空取引で高株価を偽装し、さらに株式分割によって時価総額を膨らませた上で行なったもので、上場当初から会社としての実体はなく、株式市場を使って「かご抜け増資」をしただけだと批判していました。

唐突な検察の違法判定

粉飾決算に関しても、自社株の売却益約37億円を利益に計上する行為は、形式的には証券取引法違反にはなったとしても、その金額は、過去に摘発された粉飾決算事件の中では少額です。粉飾の内容も、これまで摘発されてきた一般的なケースとは大きく異なります。

通常、粉飾決算で問題にされるのは、会社の財務状況を偽って資産を過大に見せかけたり、負債を少なく見せかけたりする行為ですが、ライブドアの粉飾決算は、会社の資産から負債を差し引いた純資産自体を偽ったわけではありません。会社に入ってきたお金の会計処理の方法に関する問題です。これが不正だといっても、最近の会社法の考え方でいえば、その違法性の程度は低いものです。

会社の目的は事業によって利潤を得ることだという伝統的な考え方の下では、株式を発行したり償却したりする資本取引と、事業に関連する損益取引とは明確に峻別しなければいけません。しかし最近では、会社は資金を供給者から需要者に流すための手段であり、その資金を有効に活用して得た利益を資金提供者に還元することが会社の目的であるという「ファイナンス理論」の考え方が有力になってきています。

最近数年間の商法改正を集大成した形で、２００６年５月に新会社法が施行されましたが、ベースには会社を資金を流す道具ととらえる「ファイナンス理論」の考え方があります。

それによれば、本業による資金の流れであろうと、株式発行や自社株売却による資金の流れであろうと質的な差はありません。会社の内部に全体としてお金がどれだけあるのか、それが増えたのか減ったのかということさえ決算書に正確に記載されていれば問題はないということになります。

ライブドア事件での起訴事実の一つである、自社株の売却益を利益に計上するという行為は、形式的には違法性が認められたとしても、現行法の下ではその程度はかなり低いと言わざるを得ないのです。

ライブドア事件での「劇場型捜査」は、隠されていた巧妙な違法行為を暴き出し、誰もが知らなかった重大な犯罪事実を明らかにしたというものではありません。検察の摘発は、以前から指摘されていたライブドアの経営手法の形式的な違法性を問題にしただけでした。

証券市場の公正を害するやり方だとかねてから指摘されていたのに、当局は「違法」と判定することはありませんでした。そうして野放しになっていた間に、大阪近鉄バファローズの買収問題やニッポン放送の争奪戦でライブドアの知名度が一気に高まり、総選挙で社長のホリエモンが政権与党のマスコット的存在に担ぎ上げられたことで、多くの一般投資家がライブドアには国家の後ろ盾があるかのような錯覚をして投資しました。

その結果、ライブドアの株価は上昇、時価総額が7000億円にも達しましたが、そこに至って突然検察による大掛かりな捜査がはじまり、「違法」の判定が下されたのです。マスコミは、法令遵守的な観点から一転して批判にまわり、ライブドアに対する社会の評価は激変して株価は暴落します。その影響でパニックに陥った東京市場は、システムダウンによる売買停止にまで追い込まれました。

危うい「村上ファンド事件」捜査

ライブドア事件を摘発した検察が、形式的、かつ機械的な法令遵守にこだわったもう一つの劇場型捜査が、同じ六本木ヒルズの「勝ち組」の象徴だった村上世彰《よしあき》氏を逮捕・起訴した村上ファンド事件です。

阪神株の買収を仕掛け、阪神球団の上場を提案したことで話題を集めた村上氏については、ライブドア事件の捜査が続いている最中からインサイダー取引疑惑が取り沙汰されていました。星野仙一氏が「必ず天罰が下る」などと発言したこともあって、マスコミの取材・報道が過熱する中、２００６年６月５日に、村上氏が東京証券取引所で「謝罪会見」、その数時間後に証券取引法違反で逮捕されました。

インサイダー取引とは、株価上昇につながる内部情報を得て公表前に株を買う、または株価下落につながる情報を得て公表前に売る行為です。内部情報は、本来は株式を発行している会社の事業や資産・負債に関するものですが、株式の公開買い付けや全株数の5％を超える株式の取得などに関するものも、株価変動に結び付く重要な情報だということで、それらを知って株を買うこともインサイダー取引として禁止されています。

村上ファンド事件では、ライブドアがニッポン放送株を大量に取得するとの情報を得た後にニッポン放送株を買った事実がインサイダー取引とされました。しかし、この事件は、既にニッポン放送株を大量保有していた村上ファンドが、ライブドアに一緒にニッポン放送株を買うよう働きかけて大量買いさせ、それを利用して巧妙に売り抜けたものので、これをインサイダー取引だとする検察の事件構成には無理があります。

大きく歪んだ法律の意義

検察の捜査の問題点を理解してもらうためには、まず、日本のインサイダー取引禁止規定自体の歪みについてお話ししておく必要があります。

この禁止規定が日本の証券取引法に導入されたのは、バブル経済で日本の証券市場が急拡大しつつあった1988年です。

この規定の特徴は、何がインサイダー取引となる重要な事実に当たるのかについて具体的に書かれていること、そして、重要事実を知ったことと売買との因果関係がインサイダー取引の構成要件となっていないことです。

本来インサイダー取引というのは「内部情報を知って、その情報にもとづいて売買する行為」です。情報を知ったことと売買との因果関係が重要です。もともと売買を行なうことを予定していた人が、偶然に重要情報を知った場合にも売買ができなくなるというのはおかしいからです。

しかし、こうした因果関係を要件にするとすれば、売買を行なう人の投資判断の中身に立ち入ることが必要になり、立証が難しくなります。そのため日本では、因果関係は一切問わないことにし、「内部情報を知った」というだけで、その時点から該当事実の公表までの間の売買を一律に禁止することにしたのです。

つまり、何がインサイダー取引に当たる重要事実かを具体的に規定し、事実を知ったことと売買を行なったこととの因果関係は問題にしない。代わりに、罰則は軽く、6ヶ月以下の懲役又は罰金という交通違反程度の「形式犯」にしたというのが日本のインサイイダー取引禁止規定です。因果関係を問題にしないために悪質ではないものも処罰の対象になるので、罰則を軽くしたということです。それが、この法律の意義を大きく歪めることになりました。

インサイダー取引というのは、証券市場をめぐる「実質犯」です。市場の実態や投資判断の内容に基づいて判断することが不可欠で、交通違反のように形式犯で処罰できるような犯罪ではありません。当時は、まだ、インサイダー取引の処罰実績がなかったので、取りあえず形式犯として導入し、市場参加者に注意を呼びかけ、最終的には実質犯的な規定に改めていこうという考え方だったのかも知れません。

しかし、この枠組みは、現在に至るまで維持されています。一方で、「国際的にもインサイダー取引は厳しく処罰されている」という、海外の処罰との単純な均衡論から、罰則は何回も引き上げられ、今回の証券取引法改正では懲役5年以下又は罰金という、導入当初とは比較にならないほどの重さになっています。

インサイダー取引容疑は成立するのか

この事件でインサイダー取引容疑が成立するためには、村上ファンド側がライブドアのニッポン放送株大量取得という重要事実を「知った」時点以降にニッポン放送株を買った事実が必要ですが、問題なのは、ライブドアによる大量買いがいつ決定されたと言えるかです。その時期と村上側の買いの前後関係が最大のポイントとなります。

そこで、重要事実の決定を広く解釈して早い段階で重要事実に当たるライブドアのニッポン放送株取得の決定があったとするか、株式の取得を漠然と認識しているだけでインサイダー取引が成立すると解釈することになりますが、いずれも無理があります。

例えば、A社がB社の株式保有を伴う提携の話を進めていたとします。A社がB社の株式を大量に取得しようとしていたところ、たまたまこのB社の株式を４％持っていたX社がその情報を入手して、A社とB社の提携の話をつぶしてやろうと思えばどうすればよいでしょう。

この場合、X社はA社に対して「私はB社の株式を４％持っています。この度、あと２％買い増しをすることにしました」と通知すれば良いのです。X社がB社の株式を５％以上取得することについてA社に「未必的認識」が生じただけで、それ以降のB社の株式の買い付けがインサイダー取引になるのだとすれば、もうA社はB社の株式を買うことはできません。こうして提携の話は簡単に壊すことができます。

また敵対的買収に対しても、少なくとも市場での株の買い集めに対しては簡単に防衛策がとれることになります。

例えば、C社の株式を市場で買い集めている敵対的買収者Yが現れたとします。C社は、同社株式4％を保有しているD社に頼んで、Yに対して「私はC社株を4％持っていますが、あと2％買い増す予定です」と通知してもらえばよいのです。それによってD社がC社株を5％以上取得するかも知れないという認識がYに生じれば、もともとYが買いを予定していたとしても、それ以降、市場でC社株を買えばインサイダー取引に該当することになり、買い集めはできなくなります。

ファンドマネージャーなどのプロの投資家の場合、株式に関する様々な情報に接し、その情報の正確度を自分で判断しながら株式の売買を行ないますが、その過程では、特定の投資家が特定の株を大量に買い付けようとしているという情報をたまたま耳にすることもあり得ます。そのような未確認の情報にたまたま接したというだけで、株式の大量取得の認識が生じたことになって、その会社の株式が一切買えないということになると、プロの投資家の売買は大きな影響を受けることになります。

こう考えると、村上ファンド事件は、全体としてとらえれば、どう考えてもインサイダー取引とは言えない事件です。ライブドアによる大量買いの前に村上側が株を買ったという事実だけを切り取って、インサイダー取引の要件に無理に当てはめようとすると、プロの投資家が市場で行なう通常の行為までが該当することになりかねないのです。

では逆に「重要事実の決定」を厳格にとらえるとどうなるか。ライブドアがニッポン放送株の大量取得を決定した事実を村上ファンドが認識した時期はずっと後ということになり、村上ファンドのインサイダー取引は成立しないか、成立する範囲が僅かな部分にとどまってしまう可能性が高いのです。そうなると、この事件に対して科される刑も極めて軽いものになってしまいます。

プロも含む様々な立場の投資家の様々な取引に対して、インサイダー取引禁止規定の罰則を適用する場合、形式犯としての構成には、もともと無理があります。投資家の立場や内部情報の性格、内容、行為時の市場の状況など様々な要素を実質的に判断しなければ、証券市場のルール違反として適切な処罰はできないのです。

形式的には法を守ったライブドア

証券取引法の所管官庁である金融庁や、日常的な監視機関の証券取引等監視委員会が本来行なうべきであった摘発がされず、検察の大掛かりな劇場型捜査が行なわれたのがライブドア事件です。専門の監視機関はなぜ、もっと早期に動かなかったのでしょうか。

それは、前出の「大機小機」でも指摘しているように、日本での証券取引法の運用が、具体的な規定に形式的に違反しているかどうかにこだわってきたからです。

アメリカでは、株式分割を使った株価の吊り上げのような不公正取引は、「証券の買付または売付に関して、相場操縦的もしくは欺罔《ぎもう》的計略または策略を用いること」という包括規定に基づいて処罰されてきました。アメリカ法を母法とする日本の証券取引法にも制定当初から有価証券の取引に関する「不正の手段、計画又は技巧」を禁止する包括規定がありましたが（現在の157条1号）、これまで適用されたことはほとんどありません。

この規定を積極的に適用するような運用が定着していれば、投資家や市場全体にあれだけ大きな影響を与える前に、ライブドアを摘発することが可能だったのです。

村上ファンド事件の核心は、ライブドアによる大量買いが村上氏によって仕組まれたものだったのかどうかです。ライブドアが時間外取引で取得したニッポン放送株のうち約328万株が村上ファンドの保有株だったと言われています。村上氏側がライブドア側に伝えていた時間外取引での売り株数は125万株で、約225万株は他の投資家の売り注文だと思わせておいて、実際には村上ファンドが300万株以上もの株式を売ったのです。

2005年2月8日に、ライブドアが大量保有の事実を公表したことでニッポン放送株は急騰します。それまで6000円前後だった株価が9000円近くまで行ったところで急騰は止まりました。その時、市場で大量の売り注文を出したのが村上ファンドでした。一緒にニッポン放送株を買って経営権を取得しようと言ってライブドアに大量買いをさせて、その一方で、時間外取引と通常の市場取引の両方でほとんどを売り抜けてしまったのです。

ニッポン放送株の20％以上を保有するフジテレビが公開買い付け実施中であることに加え、ライブドアが35％もの株式を取得した事実が突如公表され、さらに持株を増やす姿勢を見せており、村上ファンドもかなりの株式を持っていそうだという状況ですから、残りわずかな株式をめぐって株価が高騰することは必至です。

こうした状況を自ら作り出し、一般投資家が飛びつくことを見越して売り抜けるという「策略」を用いたとすれば、まさにそれは市場を攪乱《かくらん》し著しく公正を害する「不正の手段、計画又は技巧」に該当する行為です。

ライブドア事件に関して金融庁や証券取引等監視委員会が早期に摘発を行なうことができなかったのも、村上ファンド事件に関して検察の法適用が無理な構成になってしまったのも、原因として共通するのは、機械的、形式的に法令を適用しようとする「法令遵守」の発想です。

今の日本の証券取引法の運用には、包括規定を含めて法を柔軟に適用するという発想が欠けているために、摘発が市場の実態に合ったものになっていません。「具体的な法令を守れば良い」というだけの形式的な法運用では、証券市場の公正を確保することはできません。市場は生き物です。その中では不公正なやり方は無限に存在します。その一つ一つを具体的に法令に書き込んでおくことなど不可能です。だからこそ、包括規定を柔軟に適用して証券市場の公正を害する行為を摘発していく必要があるのです。

法令遵守が市場をダメにする

なぜ、そのような市場の実態に即した柔軟な法適用ができないのでしょうか。最大の理由は、法執行体制を支える人材が決定的に不足していることです。その背景には、証券取引法が長らく日本の証券市場のルールとしてほとんど機能して来なかったという歴史があるのです。

日本ではもともと、株の世界というのは危ないもので普通の人は手を出すものではない、というような見方が根強く、株に金をつぎ込む人間というのは「バクチ打ち」のように見られていました。そういう「バクチ打ち中心の証券市場」では、市場の公正さとかルールというのは、ほとんど意識されませんでした。

その頃は、プロの投資家にとって、人よりも早く正確な情報を得ることが相場に勝つ最も上手なやり方でした。市場では「早耳筋」という言葉が当たり前のように使われていました。人よりも早く内部情報を得て売買するプロもいれば、内部情報は得られなくとも経験と勘で「丁半バクチ」の勝負をするというやり方もあって、情報の公平性とか情報開示の正確さなどということはあまり問題にされていませんでした。投資の損益は偶然に左右される要素が大きかったのです。

市場では、相場操縦、馴れ合い売買などの行為も横行していましたが、それもプロの投資家のテクニックの一つだと見られ、罰則が適用される例はほとんどありませんでした。

少なくとも昭和50年代までは、証券取引法という法律の役割は、株のことをよく知らない素人の投資家が、そういう「危ない証券市場」に近づいて不測の損害を被《こうむ》ることがないように一般投資家を保護することと、不当な営業活動によって一般投資家に損失を与えることがないように証券会社を監督することが中心でした。アメリカの影響を受けて制定された法律ゆえに、証券市場のルール違反を規制する罰則が設けられてはいましたが、肝心の市場の実態とは大きく乖離《かいり》していたのです。

昭和60年代に入ってからのバブル経済で日本の証券市場は大きく拡大しましたが、この時も、企業内容の開示、市場の公正さのルールはあまり重視されず、「バクチ場」的な証券市場の性格はほとんど変わりませんでした。

バブル経済の崩壊後は、その後遺症で証券市場も長期低迷が続きますが、21世紀に入る頃から、金融ビッグバンによって金融の自由化、市場化が劇的に進みました。証券市場を通じての直接金融も活発になり、東証マザーズ、大証ヘラクレスなどの新興市場が開設され、ベンチャー企業の証券市場からの資金調達も盛んです。

「企業価値」を計る唯一の客観的基準は株価ですが、その株価が形成されるのは証券市場です。現在の日本では、証券市場の果たす経済的、社会的機能が、昔とは比較にならないぐらい大きくなり、それに伴って、市場での公正な株価形成を妨げる不公正取引の積極的な摘発が求められています。

ところが、摘発を行なう人材が極端に不足しているため、証券市場の実態に法令の執行体制が追いついていません。１９９2年には証券取引等監視委員会が設けられましたが、そのスタッフは、財務省や国税庁などからの出向者の寄せ集めでした。証券市場の公正を確保するための法の運用をほとんど経験して来なかった日本においては、法を執行するための人材と体制が極めて不十分なのです。

こうした状況の中、「法令遵守」的な考え方で行なわれる劇場型捜査と、それに単純に「法令遵守」的に反応するマスコミ報道によって、日本の証券市場の公正さはさらに大きく損なわれています。

法の失敗が招いた耐震強度偽装事件

耐震強度偽装事件では、建築されたばかりのマンションやホテルが、震度5強の地震で倒壊の恐れがある「危険な状態」とされ、大きな社会問題になりました。「今地震が起きたらと思うと夜も眠れない」と不安に苛《さいな》まれながら、多額のローンを抱えているために転居もできず、マンションに住み続けている住民のことがマスコミで大きく取り上げられました。

この問題の核心は、危険な建物の存在が明らかになったことではありません。建築したばかりの建物が、「違法建築」であることを理由に使用禁止になり、一部は取り壊さなくてはならなくなってしまったことです。建築基準法で定めた耐震基準を満たさず使用禁止にせざるを得ない建物が建築されてしまったこと、それを防止できなかったという「法の失敗」が最大の問題なのです。

この「耐震基準」は、日本の建物全体において維持されているわけではありません。現在の基準が定められた１９８１年以前に建築された建物には、今回問題になった建物より耐震性が低いものも多数あります。もし、地震で倒壊する恐れのある危険な建物の全てが問題だというのであれば、日本中の多くの建物の使用を禁止にしなければなりません。

また、この事件では、一級建築士が構造計算書の耐震強度を偽装するという露骨な違法行為を行なったことが問題となりました。しかし、耐震基準を充たしていない、地震で倒壊する恐れがある建物が建築される原因となり得るのは、こうした行為だけではありません。耐震強度の構造計算は、あくまで一つの計算方法であり、実際の地震による倒壊の危険は敷地の地盤などの自然条件によっても異なります。また、設計上は問題がなくても、図面通りに施工しない手抜き工事の危険性もあります。

これらの点も含めて、建築基準法という「法令」が、耐震性の確保のためにどのような機能を果たしてきたのかを考えてみる必要があるのです。

はっきり言えることは、この法律の機能と、それに対して世間一般の人が持つ認識とがあまりにズレていることです。建築基準法では、地方自治体や民間建築確認機関による建築確認という手続で耐震基準を確認することになっています。マンションを購入する人も、ホテルを建設する人も、建築確認がなされているから大丈夫だと信じていました。ところが実際には、少なくとも耐震性能に関する限り、建築確認の手続は法が定めた基準を担保する機能をほとんど果たしていません。

つまり、建物の安全性は、建築基準法という法令によって確保されてきたわけではないのです。

安全を支えたのは「信用」と「倫理」

建築基準法の内容は、「建築物の敷地、構造、設備及び用途に関する最低の基準」を定めているに過ぎません。その最低基準が満たされているかどうかを自治体の建築主事が着工前に確認するのが、建築確認制度です。

この法律が制定されたのは1950年。戦後復興で全国に多数の建物が建築されるに当たり、建築士が設計を行なっていることを前提に、行政は事前に最低限のチェックのみをするという趣旨で設けられたのが建築確認制度でした。

しかし、建築物は長期間にわたって使用されるのに、この制度は自動車の車検制度などのように継続的に安全性を確保する仕組みにはなっていません。建築確認制度には、それを受けなければ建築工事ができないという効果しかなく、工事が完了した後にどのような状況になっているかはほとんど問題にされません。また、建築基準の変更があった場合、新基準が既に建築されている建物にさかのぼって適用されることもありません。

この制度がもともと想定していたのは、木造の一戸建てのような単純な構造の建築物でした。経済の発展に伴って、建築技術も飛躍的に進歩し、建築物も高層、大規模化し、複雑で多様な構造のビルが建築されるようになり、設計を担当する建築士個人と建築確認を行なう建築主事が安全性をチェックすることなど到底不可能になりました。つまり大規模建築については、安全性を確保するための制度は形骸化してしまったのです。

建築確認の業務は1998年に民間に開放され、地方自治体で建築主事だった地方公務員の「天下り」を多数抱える民間建築確認業者が多数設立されました。しかし、もともと建築確認という手続自体が大規模建築については形骸化し、単なる「形式的なチェック」に過ぎないものとなっていたのですから、その業務を自治体が行なっても民間会社が行なっても、その実態は変わりようがありません。にもかかわらず世間一般では、現在のような高層化、複雑化した建築物についても、安全性を確認する役割を果たしているように誤解されてきました。一般の人の認識と実態との間に、大きなギャップが生じていたのです。

しかし、建築確認が形骸化していたからと言って、日本の大規模建築物の安全性が低かったということではありません。多くの建物が倒壊した阪神淡路大震災のような極端な場合を除けば、日本の建築物の安全性に重大な問題が生じることはなく、全般的には高い水準に保たれてきたと言えるでしょう。それは、設計者、施工会社としての信用が大切にされ、技術者の倫理観もしっかりしていたからです。

建築基準法という「法令」や建築確認という「制度」ではなく、会社の信用と技術者の倫理が日本の建築物の安全性を支えてきたのです。

建築基準法の幻想

1981年の建築基準法の改正で新たな耐震基準が導入された際、その基準は過去の建築物には適用されず、それ以降のものだけに適用されることになりました。そのため、新耐震基準は、以前の建築基準法の「基準」とは異なった意味を持つものになりました。新たな基準が建築物としての最低の基準を一律に定めるものであれば、それを充たしていない建物は、過去の建築物であっても放置することはできないはずです。ところが、新耐震基準は導入以前の建築物には適用されませんでした。こうして耐震強度が基準以下の建物の存在が許容されたため、新耐震基準は日本の建築物全体が絶対に充たすべき「最低限の基準」ではなくなったのです。

このことが、耐震基準の性格を非常に曖昧なものにしてしまったことは否めません。「最低限の基準」なのであれば、絶対に充たさなければならないという認識で設計・施工が行なわれ、設計者や技術者の倫理観も十分に働くはずです。しかし、基準が充たされていない建築物が実際に多数あるということになれば、「絶対」という認識は希薄になってしまいます。

しかも、こうした二重の基準が持ち込まれたにもかかわらず、建築確認が単なる形式チェックにとどまっている実態は変わりませんでした。複雑な構造計算によって算出される耐震強度が正しいかどうかなど、建築主事による建築確認ではほとんどチェックできないので、建築士が行なう構造計算を信用するしかなかったのです。

最近では、機能しない建築基準法に代わって建物の安全性を支えてきた施工会社の信用と技術者倫理自体にも大きな問題が生じつつあります。１９９０年代後半の建築不況の中、企業間での価格競争の激化によって極端な安値受注が横行し、その結果、工事の質を落として採算を確保しようとする手抜き工事、粗漏工事が横行していると言われています。設計の段階で耐震基準を充たしていても、施工段階で強度不足の建物が建築される危険性が高くなっているのです。

こうして建物の安全性を確保するためのシステム全体に綻《ほころ》びが生じる中で、一人の無責任極まりない建築士が、多数の建物の構造計算書を改竄《かいざん》するという露骨な違法行為をいとも簡単に行なったのが耐震強度偽装事件です。

法の強化は安全確保につながらない

この事件では、構造計算書を偽装して耐震強度を実際より高く見せかけるという、建築士にあるまじき行為を行なった姉歯秀次元一級建築士のほかに、構造計算書の偽装を見抜けなかった民間建築確認業者のイーホームズ、姉歯氏の構造計算に基づく多数の低価格マンションを建設・販売して急成長し、偽装発覚後もその公表を遅らせ、建築確認を行なう側の自治体や国に補償を求めようと画策した不動産業者のヒューザー、建設コストを低くするため鉄筋量を減らすように指示していた建築施工の木村建設、鉄筋量を減らしてまで低価格にするホテル建築を指導していた総研など、関連する業者の責任が次々と問題にされました。

最終的に、これらの関係者から多数の逮捕者が出たものの、耐震強度偽装事件そのものが容疑となったのは、偽装を行なった姉歯元建築士以外では、偽装の事実を知りながらマンションを販売した詐欺の事実で逮捕・起訴されたヒューザーの小嶋進社長一人だけでした。イーホームズ社長は見せ金増資での電磁的公正証書原本不実記載、木村建設元東京支店長は粉飾決算の建設業法違反と、それぞれ別件の法令違反で摘発されました。要するに、あらゆる法令を使って関係者が処罰され、事件の決着が図られたのです。

この事件を契機に、性善説に基づく制度が偽装行為を招いたとされ、建築士法の罰則強化により「法令遵守」の徹底が図られました。また建築基準法も、耐震基準を下回っていないかどうかの審査・検査を強化して違法行為を防止するという、同じく法令遵守を徹底する方向で改正されました。

しかし、果たしてそのようなやり方で、本当に耐震強度不足の建物が建築されることを防止できるのでしょうか。日本の建物の耐震性を全体的に高めていくことができるのでしょうか。

独禁法の運用強化によってかつての「露骨」な談合が影を潜めたのと同様、今回のような「露骨」な違法行為はなくなるだろうと思います。しかし、それは耐震強度不足の建物が今後も建築されるのを防止することには必ずしもつながりません。建物の安全性を確保することに関して建築基準法という「法令」がいかに実態と乖離していたかを再認識し、建物の安全を確保するシステム全体を見直していかなければ、根本的な問題解決にはなりません。

法令遵守の徹底だけで問題を解決しようとする動きは、ここでも日本の国の将来に重大な危険を生じさせています。

不正車検事件の本末転倒

２００５年に相次いで摘発された不正車検事件のうちの一つである鉄道用保守作業車の問題も、法令に違反した人や会社を処罰するという単純な法令遵守の発想だけでは解決しない問題です。保守作業車とは、鉄道線路上で保線作業をするための車両です。作業場所間の移動には線路上を走るより公道を走行する方が安全で効率的なので、公道の走行機能も備えられています。

この事件は、鉄道各社から、公道を走る際に大型車免許の必要がない車両重量８トン未満の仕様で保守作業車を受注していた供給業者が、重量が８トンを超えていたのに、車検を受ける際に一部の部品を取り外すなどして過少申告し、８トン未満車と偽って車検証を取得したというものです。単純にとらえれば、メーカー側が、偽装行為を行なって不正な車検証を取得するという「露骨な違法行為」を行なって鉄道会社に保守作業車を売りつけたという事件で、違法な作業車を購入させられた鉄道会社側は「被害者」です。

しかし、実はそう簡単な話ではありません。問題なのは、このような不正行為が行なわれた原因です。実際に摘発され処罰されたのは大手業者3社と担当者だけでしたが、他のほとんどの会社も同様の不正行為を行なっていたことで、国土交通省から警告などの行政指導を受けたのです。このような違法行為が業界全体で行なわれていた背景には何か構造的な問題があるはずです。

そもそも、鉄道会社側はなぜ「車両重量8トン未満」の仕様で発注したのでしょうか。そこには、保守作業車が公道を走る場合、「8トン以上」であれば運転に大型免許が必要になり、鉄道会社側にすれば、そのためだけに大型免許取得者を配置することが困難という事情があったのです。それゆえ鉄道会社側は、そもそも無理な仕様で保守作業車を発注し、ほとんどのメーカーが不正車検を行なうことにつながったのです。

では、そういう無理な要求をした鉄道会社側が全面的に悪かったかというと、必ずしもそうとは言えません。主として線路上で使用される特殊車両の保守作業車をごく僅かな区間だけ公道で運転するのに、一般車両と同じように大型運転免許を要求されることが、鉄道会社側の作業員編成の実情に合わない面もあります。そのため鉄道会社側が、「重量機械を搭載しながら普通免許で運転可能な8トン未満」という物理的に困難な仕様で発注することにつながったのではないかと思われます。

この不正車検が表面化したのは、ある鉄道会社から契約に定められた納期・仕様などを守るよう厳しい「法令遵守要請」を受けて反発した下請会社が、その鉄道会社が使用する保守作業車に関するこうした「違法行為」を国土交通省に告発したことが契機だったと言われています。

保守作業車はほとんど線路上で作業をしているので、公道を走行する距離はごくわずかです。その間の公道上の安全を確保するための特別措置を講じた上で、普通免許による運転を認めることの方が合理的なようにも思えます。しかし、車検は国土交通省所管の道路運送車両法の問題、運転免許や公道走行の安全確保は警察庁所管の道路交通法の問題と、二つの省庁の所管にまたがる問題なので問題解決は容易ではありません。

鉄道会社による厳しい法令遵守要請に反発した下請会社が行なった告発は、最終的に違法行為の実行者として納入業者の担当者が逮捕・起訴され、執行猶予付きの有罪判決を受けることにつながりました。そして、事件が表面化して以降、不正車検は行なわれなくなったものの、保守作業車は大型免許がなければ運転できなくなりました。その結果、保守作業車の運転手の確保に困難を来たし、鉄道保守作業が遅れることにもなりかねません。

道路の安全を確保することを目的とする道路運送車両法を現状のまま「遵守」させようとしたことが、大量輸送機関である鉄道の安全に不安を生じさせかねないという本末転倒の事態を招いた例といえるでしょう。

パロマ事故はなぜ事件になったのか

最後に取り上げるのは、ガス瞬間湯沸かし器による死亡事故が多発していたことが明らかになって、大きな社会的非難を浴びることになったパロマ社の問題です。

１９９６年に東京都港区のアパートで男性が死亡し、当時の警察の説明では「死因は心不全」とされていましたが、実は、パロマ社の子会社パロマ工業製の瞬間湯沸かし器による一酸化炭素中毒であったことが明らかになります。それが契機となり、パロマ工業の特定の問題機種の一酸化炭素中毒事故によって、過去20年間で15名の死者が出ていたことが発覚したのです。

この事態を受けてパロマ社の社長以下が記者会見を行ないましたが、「製品の欠陥ではなく、出荷後、何者かによる不正改造が加えられたことによる事故であるので憤りを感じている。出荷時には改造は予見できなかった」と、自社の責任否定に終始する内容でした。その後、死者の数が最終的には21名に上ることが明らかになり、また死亡事故の中には製品劣化によるものもあったことが発覚し、パロマ社トップはようやく責任を認めるに至りました。

しかし、経営陣の当初の責任回避の姿勢が不誠実な印象を与えたこともあって、パロマへの社会的非難が急激に高まり、営業上大きな打撃を受けました。加えて、製品の回収を呼び掛けるテレビ広告、無償交換、点検費などで、２００億円を超える出費を余儀なくされ、経営上も大打撃を受けることになりました。

パロマ社がホームページで謳っていたのが、「25年間1200万台以上　不完全燃焼無事故の安心給湯器」というキャッチフレーズでした。「世界初の不完全燃焼防止装置を開発。以来、今日まで不完全燃焼無事故を続けています」と宣伝していたのです。実際には21名もの犠牲者が出ていたことと、「無事故の安心給湯器」というキャッチフレーズとの間には、あまりにも大きなギャップがあります。

そこには、法的責任の有無をめぐる過去の争いが事故の再発防止に何一つつながらなかった事実、そして、このような事故を防止するための法令が機能していなかった実態があるのです。

法令遵守が引き起こした社会的非難

メーカーが製造した商品に関連する事故が発生して人が死傷した場合、常にメーカーの責任が問われるわけではありません。今日のガス給湯器でいえば、メーカー以外にも、販売会社、建物や部屋の所有者、実際の使用者（ユーザー）、器具設置業者、点検を行なう立場のガス会社、器具修理業者など、様々な立場の業者や人が関わります。事故が起きた場合には、そのうちの誰が責任を負うべきかが、刑事、民事の両面から問われることになります。

パロマ工業が問題となった給湯器の製造を開始したのが1980年、5年後には初めての死亡事故が起き、その後も事故が相次ぎました。しかし、その都度、パロマ側は、刑事、民事の責任を回避するために、「メーカーの責任ではなく、不正改造を行なった修理業者の責任だ」と主張してきました。訴訟対応を受任した弁護士としては、依頼者であるパロマ側の利益を図るために法的に許される範囲の最大限の主張を行なうのは当然ですし、パロマ側の対応は、少なくとも法的対応としては正当なものでした。

そして、弁護士の活動が功を奏し、パロマはすべての事故について、せいぜい和解金を払う程度にとどめ、加害者としての法的責任を負わされることはありませんでした。それは、企業の法的対応としてはベスト・プラクティスだったと言えます。

1996年に起きた1件の一酸化炭素中毒死亡事故について、警視庁が遺族に死因を心不全と伝えていたという「事故隠蔽」のような行為は、パロマとは全く無関係の出来事です。しかし、この問題の発覚と併せて、パロマ製の給湯器で死亡事故が相次いでいることが報道されたことで、世間は、パロマが「事故隠蔽」に関与しているかのような印象を持ちました。それが、パロマに対する批判が急激に高まる一つの要因になったのではないかと思います。

このような状況の中で、パロマ側が、それまでの事故の際に繰り返してきた法的責任回避のための主張をそのまま会見でコメントしたことが、「無責任」「不誠実」と評価され、さらに強烈な社会的非難を浴びることになってしまったのです。

パロマ側の対応は、少なくとも「法令遵守」という観点からはほとんど問題はなかったと言えます。ですが、自社が製造した商品に関して悲惨な死亡事故が相次いでいるという事態において、メーカーとして果たして適切だったかというと、決してそうとは言えません。

「無事故の安心給湯器」をキャッチフレーズにして製造・販売を行なっている以上、自社の製造した湯沸かし器による事故を防止するための最大限の努力をすることが、果たすべき社会的責任です。パロマ側の考える「法的責任」と「社会的責任」の間には、あまりに大きなギャップがあったのです。

この事故におけるもう一つの問題は、監督官庁である経済産業省の中で、問題の所管が複数の部局に分散していたことです。外局の原子力安全・保安院の中で、都市ガスの機器についてはガス安全課、ＬＰガスの機器については液化石油ガス保安課と所管が分かれている上に、そもそもガスというエネルギー源自体の問題と判断されなければ、原子力安全・保安院の所管として取り扱われません。また、製品の安全の問題と判断されなければ、本省の商務情報政策局製品安全課の所管としても取り扱われないのです。

こうして、パロマ工業製の特定の機種で集中して事故が起きていることについての情報が、三つの部署の隙間にはまり込んでいたため、一元的に把握されることはありませんでした。それぞれの部署が、法律による所管事項の範囲だけで対応していたために、同種の機器によって死亡事故が相次いでいるという事態が把握できず、結果として不正改造による一酸化炭素中毒事故の危険に対して20年もの間、十分な対策がとられないまま放置されたのです。

パロマ側は、民事、刑事の責任回避のための訴訟対応を行なうという「法令遵守的対応」をとり続け、それが、メーカーとして必要不可欠な事故再発防止のための社会的責任を果たすことを妨げてしまいました。監督官庁の側でも、複数の組織や部署に所管が分散していたために、事故情報が一元的に把握されていませんでした。その結果、危険を認識することができず、事故防止のための抜本的な対策はとられませんでした。

ガス給湯器の一酸化炭素中毒事故という極めて身近な問題に関して、日本の法令は、国民の生命を守るという最低限の機能を果たすことができなかったのです。

第3章　官とマスコミが弊害を助長する

「法令遵守」の弊害

前章までは、今の日本の社会で「法令遵守」の考え方が大きな弊害を生じさせていることについて、いくつかの例を挙げて述べてきました。それに対し、「制度の運用に関する特殊な問題だ。法令遵守自体が間違っているのではない」と主張される方がいるかも知れません。

そういう方々に、敢えて申し上げます。今の日本の経済社会では、法令遵守の考え方自体に問題があります。それが大きな弊害をもたらしているのです。どうして法令遵守そのものがダメなのか。本章では、その問題をじっくり考えてみたいと思います。

図1は「失敗学」の創始者、畑村洋太郎教授のコンセプトを元に、法令遵守の弊害を

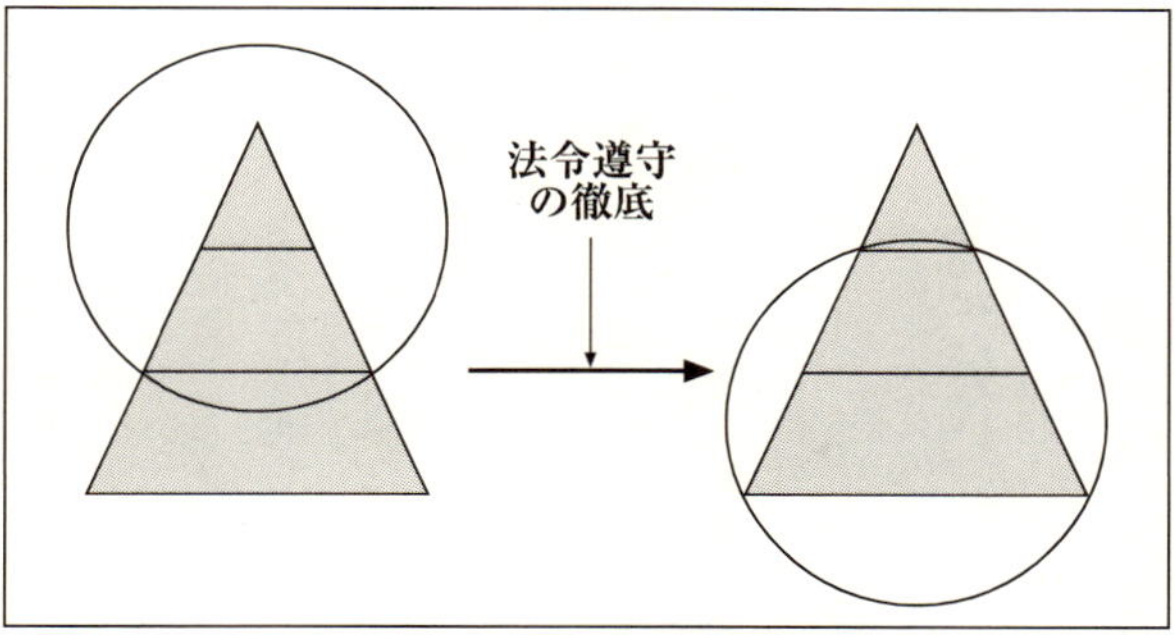

図1　注意をどこに向けるか（図は畑村洋太郎教授による）

説明したものです。二つの三角形は、人が仕事をするときに注意をしなければいけないことの全体像を示しています。三角形の上の方が基本的なこと、重要なこと、根本的なこと、下の方は、具体的なこと、細かいこと、枝葉末節のことです。通常仕事をするときの人の注意は上の方にフォーカスされていて、具体的なこと、細かいところにも拡がっているという形になっています。

ところが、何か事件が起きた、事故が起きた、不祥事が起きたということになると、法令を遵守せよ、コンプライアンスを徹底しろということになります。○○法を守れ、○○規則を守れ、○○マニュアルを守れ、ということを色々うるさくいわれますから、それらに一つひとつ対応していかなければなりません。

人の注意力には限りがあるので、三角形の下の方にある具体的な法令やマニュアルに個々に対応していこうとすると、結局、根本的なこと、基本的なことから注意が離れてしまうことになります。

具体的な法令規則やマニュアルに従ってそのまま対応すればよいという場合もありますが、最近起きている問題というのは、そういうケースばかりではありません。社会環境の急激な変化に伴って、今までは考えられなかったような問題が生じています。

そういうときには、三角形の上の方の根本に遡《さかのぼ》って考えてみないと適切な解決はできません。法令を守れ、規則を守れ、マニュアルを守れということばかり言われて、それに従うことばかり考えていると、新たな問題に対応するための能力が失われてしまうのです。

組織の隙間が危ない

もう一つの問題は、法令遵守の考え方が、組織と組織の間に隙間を生じさせるということです。

法令に基づく組織や内部の規定が整えられている組織の場合、それぞれの部署の担当事項、所管事項は法令や規則で定められています。何か問題が発生した場合、それをどの部署の誰が担当すべきかは、法令規則にしたがって判断します。まさに法令遵守によって守備範囲が明確に決められているのです。

しかし、実際に世の中で起きる問題の中には、どの部署の守備範囲にも含まれないものがあります。社会が複雑化、多様化するにつれ、その傾向はますます強くなっています。誰の守備範囲かがはっきりしない問題が発生した場合、法令遵守の考え方からは、「法令に基づく所管事項ではないから自分がやるべき仕事ではない」と言って何も対応しないことになります。すべての部署が同様の判断をすると、結果として、重要な問題がいつまで経っても解決しないという事態が生じます。第2章で述べたパロマの湯沸かし器事故の、経済産業省の三つの部署の例がまさにこれです。

野球に例えると、下手クソな草野球の外野手みたいなものです。ボールが飛んできても、自分で予《あらかじ》め決めている守備範囲の外だとわかったら、追いかけることはしません。隣の野手に「オーイ」と声をかけるだけです。その野手も、自分の守備範囲ではないと思ったら、「オーイ」と声をかけるだけです。その結果、ボールは野手の間にポトリと落ちます。

プロの選手は違います。ボールが飛んだ瞬間に、ボールの方向に向かって走り出します。そして、捕球できると判断した時点で「オーライ」と声を出して、他の野手の動きを制するのです。

社会の要請に応えようとするなら、所管事項にこだわっている場合ではありません。重要な問題が組織と組織の間にポテンヒットのように落ちてしまわないためには、その問題に対して自分に何ができるかをまず考えるべきです。関係する人や組織間での役割の調整は、その後の問題です。

法の背後には何があるのか

ここで、法令は何のために存在するのかということを考えてみましょう。

図2で示しているように、法令の背後には必ず何らかの社会的な要請があり、その要請を実現するために法令が定められているはずです。だからこそ、本来であれば企業や

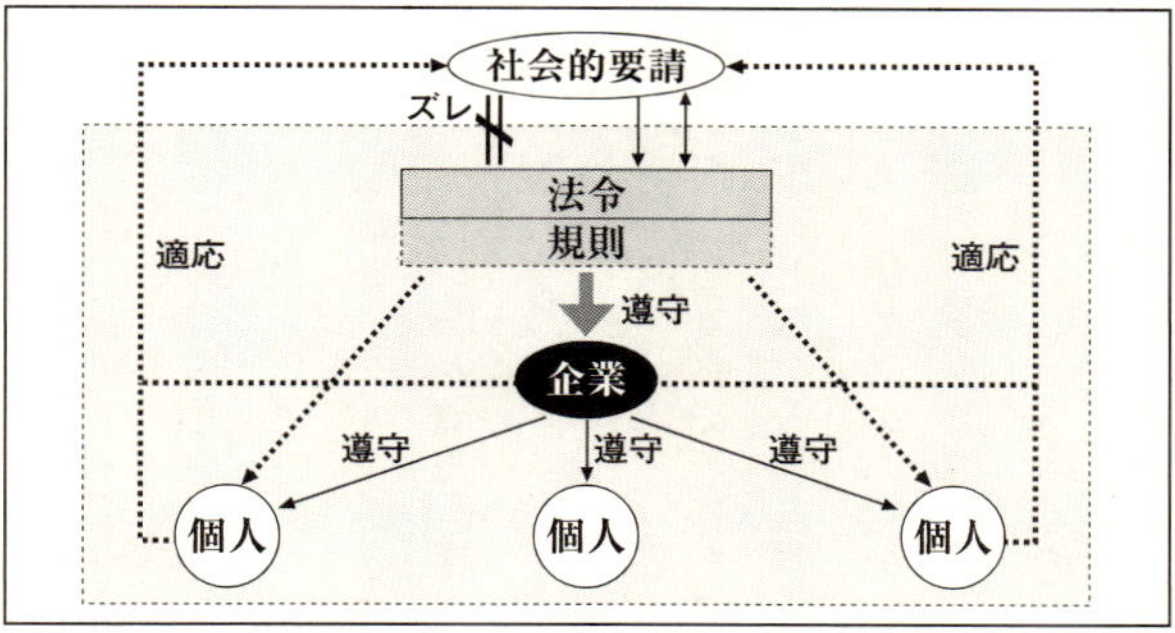

図2　社会的要請と法令遵守

個人が法令を遵守することが、社会的要請に応えることにつながるのです。

ところが、日本の場合、法令と社会的要請との間でしばしば乖離・ズレが生じます。ズレが生じているのに、企業が法令規則の方ばかり見て、その背後にどんな社会的要請があるかということを考えないで対応すると、法令は遵守しているけれども社会的要請には反しているということが生じるわけです。

その典型的な例が、JR福知山線の脱線事故の際に、被害者の家族が医療機関に肉親の安否を問い合わせたのに対して、医療機関側が個人情報保護法を楯《たて》にとって回答を拒絶したという問題です。

個人情報保護法が何のためにあるのかということを考えてみると、その背景には近年の急速な情報化社会の進展があります。今の社会では、情報は大変な価値があります。それを適切に使えば個人に非常に大きなメリットをもたらしますが、逆に、個人に関する情報が勝手に他人に転用されたり流用されたりすると本人にとんでもない損害を与える恐れがあります。ですから、個人情報を大切にし、十分に活用するために、情報が悪用されることを防止する必要があります。そこで、個人情報を取り扱う事業者に情報の管理や保護を求めている、それが個人情報保護法です。

あの脱線事故の際、電車が折り重なってマンションに突っ込んでいる悲惨な状況をテレビで目《ま》の当たりにして、自分の肉親が電車の中に閉じ込められているのではないか、病院に担ぎ込まれて苦しんでいるのではないかと心配する家族にとって、肉親の安否情報こそが、あらゆる個人情報の中でも、最も重要で大切なものではないかと思います。ですから、事故後の肉親の安否問い合わせに対して、迅速に、的確に情報を伝えてあげることこそが、個人情報保護法の背後にある社会的要請に応えることだったのです。

しかし、あのとき多くの医療機関の担当者の目の前には、「個人情報保護法マニュアル」があったのでしょう。そこには、個人情報に当たる医療情報は他人には回答してはいけないと書いてあったので、その通りに対応し回答を拒絶したのです。担当者には、「法令遵守」ということばかりが頭にあって、法の背後にある社会的要請など見えていなかったのです。

このようにいうと、個人情報保護法に詳しい内閣府の担当官や弁護士さんから、「何条何項但書《ただしがき》には、そのような場合には提供してもいいということが書いてある。単なる勉強不足だ」と言われるかも知れません。しかし、そういう法律の勉強をしていないと適切な判断ができないことなのでしょうか。大切なことは、細かい条文がどうなっているなどということを考える前に、人間としての常識にしたがって行動することです。そうすれば、社会的要請に応えることができるはずです。

本来人間がもっているはずのセンシティビティというものを逆に削いでしまっている、失わせてしまっているのが、今の法令遵守の世界です。

前章までで取り上げた各事件も、社会的要請を考えることなく、「法令は遵守すべきもの」という単純な考え方で対応しているために弊害が生じている典型的な例です。

公共調達に関しては、品質や安全性が高い社会資本整備を可能な限り低価格で行なっていくことが社会の要請のはずなのに、入札での価格競争を行なっているか否か、談合をやっているか否かという「法令遵守」だけが唯一の価値基準になってしまっているところに最大の問題があります。

耐震強度偽装問題については、建築基準法の罰則や審査制度が甘かったことが問題の本質ではありません。建物の安全性を確保するという社会的要請に応えるために、関係者がどのような役割を果たし、関係する法令がどのように機能しているのかを再検討することが重要だったのに、法令遵守を徹底するために審査と罰則を強化することだけで終わってしまいました。

鉄道用保守作業車の不正車検問題でも、ライブドア事件や村上ファンド事件などの証券取引法違反の問題でも、法令と実態との乖離、または法令の執行と実態との乖離が原因で企業不祥事が頻発しているのです。

このように法令遵守の弊害が一層著しくなっていることの背景には、法令の内容や運用を事実上決定する立場にある官庁の問題と、国民に様々な情報を伝達し、社会的評価に大きな影響を与えるマスコミの報道姿勢の問題があります。

国家予算という法令

官庁では、高度成長期までの経済社会の実態に適合したシステムがいまだに厳然と続いており、そんな官庁が作る法令やその運用が、現在の日本の経済社会の実情に合わなくなっていることが問題となっています。そうした時代遅れのシステムの典型が「予算中心主義」です。

日本の財政制度は、単年度予算主義です。それはある意味では、「予算という法令」の遵守を中心とする制度と見ることもできます。

毎年、各省庁の予算要求が行なわれ、それらを基に、財務省（かつては大蔵省）主計局が、国の政策に適合し、なおかつ、各省庁間でバランスが保たれるように予算査定を行ない、国家予算を編成します。予算が国会で承認されれば、その範囲内での国費の支出は正当化されます。予算の執行は、法令の執行と同様に正当な行為なのです。

予算は、その通りに執行するのが当然で、使わないで残すということは、予算を査定し承認してくれたことを一部否定することになるわけですから、基本的に許されません。

もし万が一予算を使い残してしまったら、その分は不要だったということになるので、翌年度以降の予算が削減されるという不利益を受けます。予算という法令を遵守しなかったことに対するペナルティともいえます。公共調達の際、入札参加者に価格競争をさせて価格を安くしたいというインセンティブが働かないのもそのためです。

一方で、決算は、あまり重視されません。承認された通りに予算執行されている限り、その範囲内でどのような使い方をしても良いので、ほとんど問題にされる余地がないのです。唯一あるのは、会計検査院による検査です。予算の使い方に問題があった場合に指摘がなされますが、それは、「違法な支出」に関してだけで、その妥当性は原則として検査の対象外です。

このようなシステムは、右肩上がりの経済成長が続いて物価が上昇し、国家予算が拡大を続けている状況には極めて良く適合していました。基本的に予算はいつも不足しているわけですから、使い残すということはほとんどありません。支出をどうやって予算の範囲内に収めるかを考えていればよかったのです。

しかし、バブル経済が崩壊して右肩上がりの成長が終わった途端、このシステムは逆に大きな弊害をもたらすことになりました。物価が値下がりしているのであれば、実際の支出が予算として認められた額より少なくなることもあり得ます。そうなると、事前の予算査定や承認より、その予算の範囲内の支出が適正だったかどうかについての、事後的な決算の査定や承認が重要になるはずです。

１９９０年代に入り、深刻なデフレが大きな経済的、社会的問題となって以降は、特にその弊害が大きくなりました。しかし、それでも、この「予算中心主義」という考え方を見直す動きは全くありませんでした。無駄遣いが行なわれないように国家の支出を抑制するための手続のはずの予算の査定や、国会審議を経て承認された範囲での支出が毎年行なわれてきたのですが、それにもかかわらず７００兆円にも上る国家の借金が生じてしまったのです。

民主主義国家である以上、財政民主主義の要請から、予算を編成して議会の承認を得ることが必要なのは、ある意味では当然です。国家予算は、国民の代表である議会で承認されることで初めて正当化されるのです。しかし、その予算編成の段階で支出内容をどこまで詳しく具体化するか、予算執行の段階でどこまでの流用を認めるか、決算の段階で予算執行の内容をどこまで詳しくチェックするかということは、予算の承認とは別の重要な問題です。

予算と決算にどのようにウエイトを置いていくかは、国の財政についての基本的な考え方の問題です。最近のように経済社会が激変している状況の下では、予算中心主義は一層大きな弊害をもたらすことになります。

アメリカをはじめ先進諸外国の多くは、近年、会計検査組織などを活用して、支出の適法性に加えて経済性、効率性、有効性も含めた決算審査を重視する傾向を強めていきます。予算中心主義で、会計検査がいまだ適法性のチェックだけに偏っている日本のような制度は国際的に見ても稀です。

法に基づかない行政指導

では、なぜ日本では、予算中心主義、予算「遵守」主義が、いまだに維持されているのでしょうか。それは、日本の官僚システムの基本的な枠組みと無関係ではありません。

日本の官僚システムの頂点にいるのは、財務省、かつての大蔵省の主計局です。主計局の権限というのは、各省庁の予算要求を査定することです。そして、その主計局に予算を認めてもらう能力を持つ官僚が、各省庁の中で最も評価が高いのです。

結局のところ、日本の官僚システムは、予算査定と予算獲得を中心に動いてきたのです。そのための権威の源泉である予算は、事後の状況変化によって見直すことができる「取りあえずのもの」であってはならなかったのです。

こうした予算中心主義は、大蔵省主計局を頂点とする官僚システム全体の権威を高め、日本の経済社会全体を官僚が統治する上で重要な機能を果たしてきました。しかし、それが法令が経済社会で現実に機能することに結びついていたかというと、そうではなかったのです。

かつての日本社会では、むしろ官僚は、具体的な法令を適用して権限を行使するのではなく、法令によって与えられた許認可などの権限を背景にした行政指導を行なうことによって、企業活動や経済活動をコントロールしてきました。そして一方で、経済官僚は企業とも日常的に密接な関係を持ち、経済社会の実情も十分に把握していました。そういう意味では、法令に基づかない行政指導中心の方法が、経済社会の実態に対応していたのです。

ところが、１９９０年代以降の規制緩和の流れの中で、官庁の許認可権限は大幅に削減されました。また、不透明な行政指導が問題にされ、行政手続法の制定など、官庁の経済活動への介入には法的な根拠が求められるようになったのです。そして、小泉改革の「官庁主導から民間主導へ」「官から民へ」というスローガンの下で、経済活動の自由化が進められ、事前規制型から事後チェック型への大幅な転換が図られようとしています。

では、その結果、経済活動への官庁の関与の程度が大幅に低下し、官僚の地位が低下したかというと、必ずしもそうではありません。それは、法令の大部分がいまだに官庁の支配下にあるからです。

憲法の建前から言うと、法律は、国民の代表者である国会によって作られ、行政官庁は、その法律を執行する立場にしか過ぎないはずです。本来は、国民の意思が法律の制定や改廃の原動力になるはずですが、日本では、議院内閣制の下で、ほとんどは行政官庁が行なってきました。その状況は、最近でもほとんど変わっていません。規制緩和、民間主導への転換が進み、官庁は行政指導という事実上の権限を失ったものの、法令によって経済活動に介入するという余地が残されました。

経済活動のコントロール手段が、かつての法令に基づかない行政指導から、法令の制定と改廃、その運用という手段に転換すること自体は大変望ましいことです。しかし、問題は、その質です。官庁が定める法令と運用が、経済社会の実態に適合しているかどうかです。

経済社会から切り離された官僚たち

法令の制定や改廃を経済実態に即したものにするためには、官僚が経済社会の実情を把握し、理解していることが必要です。そのためには、官僚が、経済活動を行なっている企業人と十分な意思疎通を図れる関係を維持していることが不可欠です。

ところが1990年代の末、いわゆる大蔵省不祥事などの事件を契機に、この関係が完全に切断されてしまいました。国家公務員倫理法が制定され、公務員は、利害関係のある事業者とは割り勘であっても酒席を共にしてはならないということになったのです。

この法律の遵守が徹底されたことによって、官僚は経済社会の実態や動きについての情報源を失いました。官僚は抽象的な理念や理屈にこだわるようになり、社会的基盤や司法制度などが根本的に異なる外国の制度をそのまま輸入するような法改正が行なわれることが多くなりました。

もちろん、公務員と事業者との関係が親密になれば、癒着や腐敗の恐れは高まります。官民の不透明な関係が、歪んだ行政の原因になることもしばしばです。しかし、だからといって関係をすべて切り離しさえすれば、問題がすべて解決するということではありません。

アメリカでも公務員と民間人との交際について厳しいルールがあることは確かですが、一方で、官と民との間の人材の流動性があります。政権が替われば、民間で働いていた人が大量に政府の高官に就任する国です。日本のように、官僚の世界が終身雇用のピラミッド型組織であるのとは全く事情が異なります。

民から切断された官の世界は、法令の「内的世界」で自己増殖を続けているように思います。官僚は、自らが国家公務員倫理法の遵守を徹底する代わりに、民間企業には法令の遵守を徹底するよう求めます。その法令が経済実態と乖離してしまうことが、法令遵守の弊害を一層大きなものにしているのです。

違法か否かにこだわるマスコミ報道

次に、マスコミの報道姿勢に関する問題を考えてみます。

新聞やテレビなどでは、コンプライアンスを機械的に「法令遵守」と置き換えます。私が新聞に寄稿した際にも、コンプライアンスという言葉を使うと、編集担当者が「法令順守」（新聞では「遵」の字は使いません）という言葉に入れ替えたり、括弧書きで付け加えたりします。私のコンプライアンス論を必死に説明して何とか元に戻してもらっていますが、その度に、「コンプライアンス＝法令遵守」の考え方を打破することの難しさを痛感させられます。

第1章で述べた公共調達をめぐる談合問題でも、マスコミの報道は、「談合は独禁法違反だから駄目だ」「談合で摘発される企業は法令遵守がなっていない」という単純なものばかりです。談合しているかどうか、独禁法を遵守しているかどうかだけを絶対的な基準にする報道姿勢が、社会の風潮を法令遵守至上主義にしてしまっているひとつの原因です。また、第2章で取り上げた事例でも明らかなように、「法令に違反したかどうか」でマスコミが180度態度を変えることが、大きな問題を生じさせています。

マスコミが「コンプライアンス＝法令遵守」との考え方にここまでこだわるのには、いくつかの理由が考えられます。

まず第一は編集上の理由です。新聞やテレビでは、外来語として定着していない外国語をそのままカタカナで使わない傾向があるので、コンプライアンスを何か日本語に置き換えるとすると「法令順守」しかないのです。私は、コンプライアンスを「組織が社会的要請に適応すること」と定義していますが、まだ一般的な定義にはなっていませんし、そもそも新聞などで使うには長すぎます。

第二の理由は、マスコミの考え方がもともと法令遵守的だということです。

実は私も、比較的最近、彼らの報道の「ネタ」になったことがあります。

私は2005年4月から、検事の身分のまま桐蔭横浜大学法科大学院に派遣され、学生の教育と併せて、コンプライアンス研究センター長としてコンプライアンスを研究する仕事に就いていました。「検事の身分のまま」というのは、一定の任期が明けたら検察の仕事に戻ることが予定されているという意味合いだけで、派遣期間中は完全に大学専従で、給与も全額大学から支払われていました。

そういう立場にあった２００６年の2月、私の仕事に関して、あたかも不祥事のような記事を書かれたのです。まず、夕刊紙に「ライブドア再生に検事関与」と、紙面からはみ出さんばかりの大見出しの記事が掲載され、法務大臣が翌日の定例会見の際に「法的には問題ないが、好ましくない」と発言し、それがその日の各紙の夕刊で一斉に報道されたのです。

私が行なったことは、ライブドアのコンプライアンス委員会の中心人物だった知人の大学教授から相談を受けて、ライブドアを再生させるためのコンプライアンスの取組み方について助言をしたこと、そして、助言の内容をライブドアの現経営陣に直接話してやってほしいと頼まれて話をしたというだけのことです。もちろん無報酬ですし、検察官の仕事から完全に離れ、コンプライアンス研究センター長であった私としては当然の職務行為です。

夕刊紙で報じられた直後に、法務省の人事課長からも事実関係を聞かれてその通りに説明し、何の問題もないことを理解してもらっていましたので、法務大臣のコメントは私にとっては驚きでした。ですが、それ以上に驚いたのは、新聞各紙の法務大臣発言の取り上げ方でした。「法相、ライブドア再生への検事関与に不快感」などという見出しの記事が掲載され、インターネットのニュースサイトにまで載ったのです。

その際、すべての新聞が、私のことを「私立の法科大学院に派遣されている検事」と匿名で書いていました。おそらく、法相も「法的な問題はない」と明言しているので「違法行為ではない」と判断し、そういう取扱いにしたのだろうと思います。

新聞、テレビなどの事件報道では、違法性が認められれば実名で報道、違法性がない場合には匿名で報道、という明確なルールがあるようです。そして、実名で報道された違法行為者が逮捕されると「顔写真付き」になります。それゆえ、合法か違法かは、彼らの報道内容を左右する決定的な要素です。

私とすれば、きちんと実名で書いてもらい、コンプライアンス研究センター長という立場も明示してくれた方が、何の問題もないことが明確になるのでかえって好都合でした。しかし、一般的には、実名で新聞に書かれると大変な不利益を被ることがほとんどなので、違法な行為を行なった場合に限定されているのだと思います。

このときの新聞記事の中には、私に助言を求めたライブドアコンプライアンス強化委員会の大学教授の実名を載せていた社もありました。なぜ助言をした私が匿名で、助言を求めた大学教授が実名なのかは不思議でした。私に関しては、「新聞ネタになった人物」だが「違法行為」ではないので最低レベルの匿名という取扱いになり、一方の大学教授の方は、そもそも不祥事を起こしたという扱いではないので実名を出しても問題はないという判断なのだと思います。何だか、おかしな話です。

では、私が新聞ネタとされたのはなぜでしょうか。それは、法務大臣という当局の最高責任者が「好ましくない」と発言したからです。この発言は、法令そのものではなくても、法令に準じる意味を持っているので、それを受けてネタにされてしまったのです。

この点は、マスコミ報道の実情を考える上で極めて重要です。

まず、新聞ネタになるかどうかは、違法行為があったか、或いは、当局がそれと同等の評価をしたかどうかが決定的な要素になります。新聞の独自取材や調査報道の場合も、最終的に記事にするかどうかは、当局が捜査に乗り出す見込みがあるかどうかで判断している場合がほとんどです。また、実名か匿名かについては、違法行為を行なったかどうかが判断の分かれ目です。

このように、マスコミ報道が、違法か合法かという点に決定的に左右されるために、どうしても報じられる側の企業の不祥事防止やコンプライアンスも、違法行為を行なわないこと、すなわち「法令遵守」という観点が中心にならざるを得ないのです。

当局の判断に追従する記者クラブ

マスコミの報道姿勢に重要な影響を与えているもう一つの要因が、記者クラブ制度です。我が国では、国会、主要政党、中央官庁、裁判所、警察、経済諸団体、都道府県庁などに記者クラブが設置されていて、所属する新聞、テレビ局などの記者は、各取材対象の建物の中に設置された記者室を拠点にして取材活動を行なっています。取材対象からのレクチャーや資料の提供はクラブを通してなされ、記者会見も多くの場合、クラブ主催です。

このように記者クラブは、取材対象機関の側が、所属の記者に様々な便宜を図るためのものです。記者クラブの存在は、官庁などが公表する情報を、各マスコミが誤りなく報道することに役立っています。しかし、その反面、報道姿勢が取材対象である官庁や団体の意向に左右されがちです。

捜査当局を例にあげれば、所属記者が批判的な報道をした場合には、有形無形の不利益を受けることも珍しくありません。直接的には「出入禁止」と言って、取材を一定期間拒否されることがあります。本来これは、事実に反する報道をしたとか、強制捜査を事前報道したことが証拠隠滅や犯人逃亡につながった場合などに取られる措置ですが、ときには当局に批判的な記事を掲載しただけで、出入禁止となることもあります。

例えば、2006年6月24日の毎日新聞が、ライブドア事件、村上ファンド事件を刑事事件として立件したことは、他の証券取引等監視委員会の粉飾決算の事件などと比較してバランスを欠くことを指摘し、「検察の『正義』を『独善』に陥らせないためにも、今回の結果に慢心せず、より公正な捜査が求められる」として、検察の捜査手法への批判を含む解説記事を掲載しました。その直後に、毎日新聞の司法クラブ所属の記者が東京地検から出入禁止の措置を受けたそうです。出入禁止の理由は明示されないことが多いので、批判記事に対する措置と断定はできませんが、少なくとも司法クラブ内部ではそのように受け取られました。

記者クラブがこのような現状では、法令と実態との間に乖離があり法令を遵守することが難しい場合でも、そうした背景事情はほとんど報道されません。談合事件の際の報道姿勢が分かりやすい例でしょう。マスコミは、当局の法令違反の指摘だけを鵜呑《うの》みにして、もしくは、当局のご機嫌を損なうことを恐れて報道しようとしないのです。

コスト・パフォーマンスのよい「善玉」「悪玉」報道

当局の「違法か合法か」の判断に追従することは、取材のコスト・パフォーマンスという面でも多大なメリットをもたらします。

事件報道において、できるだけ短時間の取材で、分かりやすく、多くの人に読んだり視聴したりしてもらえる記事を作るためには、「善玉」「悪玉」をはっきりさせるのが効率的です。違法か合法か、つまり善玉か悪玉かについての当局の判断を、読者や視聴者がそのまま受け入れてくれるのが、最も合理的なのです。

それゆえ、善悪の評価が難しいようなややこしい話は、新聞、テレビでは敬遠されがちです。このことが、複雑な背景で起きている事件を単純化し、「法令を遵守しなかったから悪い」「法令遵守さえ徹底すれば良い」ということで片付けてしまう傾向を助長しています。

この報道姿勢は、自身のリスクを軽減するという意味でも賢いやり方です。事件報道は、個人や企業の社会的評価や信用を失墜させますから、報道内容への抗議や、場合によっては名誉毀損で訴えられるリスクを伴います。また、大企業は有力な広告主だったりしますから、企業側から反感を買えば広告収入を失うリスクもあります。

一連のリスクを最小限にするのが、当局の判断に追従するというやり方です。当局の判断をそのまま報道しているのであれば、訴訟で賠償を命じられるリスクは全くありません。さらに、不祥事を起こした企業への社会的非難が極端に高まっている場合であれば、どれだけ企業を叩こうが広告収入を失う懸念はなくなります。

そうしたときに起こるのが、メディア・スクラムという現象です。当局によって企業の違法行為が認定されても、それが単発的なものであれば、批判報道は一過性のものにとどまります。しかし、雪印事件や三菱自動車事件のように不祥事が重なった場合には、高まる社会的非難が臨界点を超え、メディア・スクラムによるバッシングが始まることになります。

このバッシング報道も、極めてコスト・パフォーマンスが高いと言えるでしょう。マスコミ全体がひと塊《かたまり》になっているわけですから、ある一社だけが企業側から反感を買うことはないのです。報道対象にされた企業は、この段階では、もはや完全な「悪玉」です。どんな些細な問題でも、悪徳企業がやったことは「悪事」となるので、次から次へとニュースにされます。

三菱自動車の2回目のリコール隠し事件が発覚し、まさにメディア・スクラムによるバッシングが吹き荒れていたとき、他社の車でも発火事故は起こっているにもかかわらず、三菱車の事故だけがニュースになっていたのが典型的な例です。その当時、ある記者が、「車の発火事故があったら警察に電話をして、『三菱ですか』と聞いて、他の会社だったら電話を切ります」と言っていました。取材と報道のコスト・パフォーマンスから言えば、最も合理的なやり方です。

しかし、それでは単なる「ニュース製造事業」であって、ジャーナリズムの本質を見失っています。そんな底の浅いマスコミ報道が、法令遵守の弊害を一層大きくしているのです。

第4章　日本の法律は象徴に過ぎない

特殊な日本の司法

前章までで述べた法令と実態の乖離、法令の運用と実態との乖離といった現象の根底には、司法そのものの問題があります。日本の司法の機能は、多くの面で先進国の中で特殊です。そのことが、法令遵守の徹底が弊害をもたらす根本的な原因とも言えるのです。

そもそも、日本の法律の大部分は海外から輸入されたものです。明治期に近代国家樹立のための富国強兵政策の一環として、民法、刑法、商法などの基本法が主としてヨーロッパから輸入されました。そして、第二次世界大戦後には、独占禁止法や証券取引法などの経済法令が、主としてアメリカから輸入されました。

日本の法律というのは、欧米諸国のように市民社会の中でルールが形成され、それが成熟して法令に高まったというものではなく、国民や市民にとっては知らないところで輸入され上のほうから降ってきたものなので、決して身近なものではありません。ですから、普段は市民は法令に無関心で、なるべく関わり合いになりたくないというのが本音です。つまり、司法と市民社会とが離れているので、市民の側では、法令が実態と乖離していてもあまり痛痒《つうよう》を感じなかったのです。

次に、司法の機能という面から眺めてみます。

判例法の国であるアメリカでは、人口当たり日本の20倍以上の弁護士がいて、社会の隅々から色々なトラブルが訴訟の場にもち込まれます。その一つ一つのケースの解決を通じて法が形成されることで、社会の実態が法に反映される柔軟な仕組みが出来上がっているのです。

その分、違法行為に対しては徹底的に厳しいペナルティが科されます。刑事の罰金も日本円にして何百億、何千億という多額に及ぶことがありますし、民事でも実損害を超えた懲罰的な損害賠償が認められています。法が柔軟に社会に適合し、その法に違反する行為は徹底して抑制していこうというのがアメリカの司法制度です。

片や、日本は成文法の国で、一度法律が定められるとなかなか改正されません。第1章で述べた会計法のように、100年以上も昔の制度が維持されている化石のような法律もあります。また、弁護士の数もアメリカと比べて少なく、訴訟の場に持ち込まれる社会のトラブルはわずかです。

こうして、法と実態との乖離が解消されない状況が続いている一方で、違法行為に対してのペナルティは非常に緩《ゆる》やかです。法人に対する定額の罰金額の上限は7億円程度ですし、損害賠償は実額賠償にとどまり、アメリカのような懲罰的機能を果たすことは裁判所が認めていません。

全般的に「低位安定」の状態なのがこれまでの日本の司法でした。

法律家は巫女のような存在

日本の司法が社会で果たしてきた機能を示したのが図3です。

企業や個人の活動においては様々なトラブルが生じますが、基本的に司法の機能は、こうした社会の真ん中で生じるトラブルに向けられたものではありませんでした。

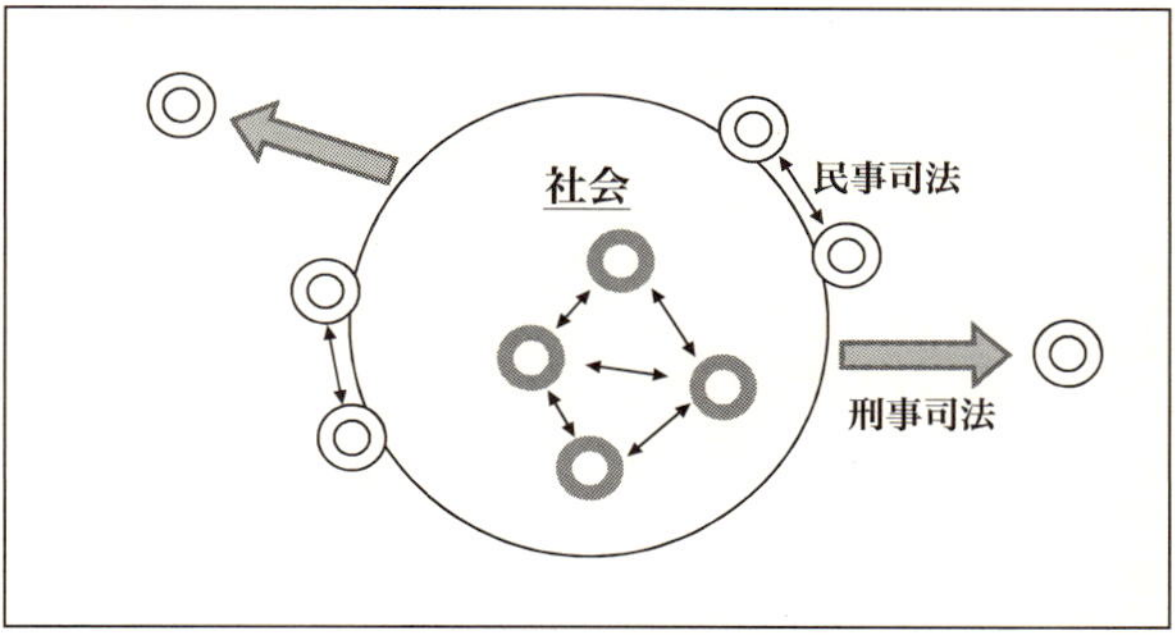

図３　日本の司法の機能

刑事司法は、反社会的行為を行なった逸脱者、異端者である犯罪者を処罰して社会から排除し、自白して悔い改めた場合にのみ社会内に戻すという機能を果たしてきました。また、民事司法は、近親憎悪的な遺産相続争いや、感情的なもつれによる境界紛争といった、通常の社会的手段ではどうにも解決できないこじれた紛争を解決する機能を果たしてきました。いずれも、社会の外縁部で起きる特殊な問題を解決するのが、日本の司法だったのです。

その特殊な問題に関して、裁判官、検察官、弁護士という日本の法律家は、大きな力を発揮してきました。彼らの存在価値を支えていたのは希少性でした。日本の法律家は極端に合格率の低い司法試験に合格して、司法研修所での教育も終えた数少ない人材です。そんな彼らが、市民にはあまりなじみのない「法令」をうまく使いこなしてくれるからこそ、普通のやり方ではどうにもならないような問題でも解決可能になるのです。

専門の法律家のみで構成される司法の世界では、問題の解決に関して判断理由をわかりやすく国民に示して理解を得ることは、あまり重視されませんでした。法廷に行くと、難しい言葉と難しい理論が飛び交っていて、一般の人によくわからないのはそのためです。

こういう法律家の存在は、例えていえば、かつての農村社会での巫女《みこ》のようなものでしょう。種を蒔《ま》き田畑を耕し、収穫するという農村の日常の仕事の中では、巫女が登場することはありません。

しかし、一たび、天変地異が起きたとか、疫病が流行したとか、村人の誰かが物の怪《け》に取りつかれたというような、特異な出来事に直面したときは、霊能力を持った巫女に拝んでもらって解決しようという話になります。唱えているのはさっぱりわけのわからない呪文ですが、ほかに解決の手段がないので、巫女の言うことに従うのです。

日本の司法の世界も同様で、非日常的な場面で役立つ「霊験《れいげん》あらたかな儀式」であることに存在の本質があったのです。

日本の社会が、日々の営み、季節の移ろいに基本的な変化がなく、淡々と年月が流れていくような時代であれば、法律家は特異な出来事が起きたときにのみ登場する「巫女のような存在」でも良く、また、裁判は「霊験あらたかな儀式」でも良かったでしょう。

しかし、最近のように、様々な問題が日常的に生じており、それを解決するために司法の機能が求められるようになると、もはや、法律家や裁判が巫女や儀式のままでいるわけにはいかないのです。

象徴に過ぎなかった経済法令

では、企業や企業人が活動する経済社会で、法令と司法はどのような役割を果たしてきたのでしょうか。

日本では、経済活動に関し、いわゆる業法などの膨大な法令が整えられています。それは、相互の矛盾がないよう精緻に調整されています。しかし、こうした膨大な経済法令が整備されていても、実際にそれに基づく行政処分が行なわれたり、司法の場で適用されて判決が出されることはほとんどありませんでした。

つまり、精緻な法令の存在意義は、国がやっていることに間違いはないとの信頼を与える「象徴」にしか過ぎなかったのです。

象徴的存在にとどまっていたために、日本の経済社会では法の執行が極めて貧弱でした。経済法令の多くには違反行為に対する行政処分や罰則が設けられていますが、実際に行政処分が行なわれたり、ましてや罰則が適用されたりすることはほとんどありませんでした。それが、違法行為をそのまま容認し、常態化させることにつながりました。非公式の談合システムが定着し、独占禁止法に違反する談合が常態化していたことや（第1章）、証券取引法に違反する行為が横行していたこと（第2章）などは、その典型です。

しかし、1990年代以降は、規制緩和、経済構造改革の流れの中で、自由な事業活動、自己責任原則が強調され、「事前抑制は行なわず、何でも自由にやらせるが、ルール違反や違法行為に対しては事後的に厳しくチェックする」という考え方が中心になりつつあります。

そうであれば、ルール違反、違法行為に対する制裁を強化する必要があります。加えて、それを行政上の制裁で行なっていくか、法人処罰で行なっていくかなど、全体として違反行為に対する抑止力をどのように強化していくかの検討も必要なのですが、それを阻《はば》んでいるのが前章で触れた官庁組織の隙間の問題です。

経済官庁側にすると、自分たちの担当は所管する個別の法令に関してであって、「経済法令違反に対する制裁の在り方をどうすべきか」といった、経済法制全般に関わる問題は担当外という考えです。一方で、司法制度全般を所管事項とする法務省の方は、経済法令の問題は経済官庁の所管だとの考えで、当事者意識がありません。経済官庁と法務省が、互いにそれまでの守備範囲に固執し、経済法令というボールを譲り合っている状態なのです。

また、法学の世界でも、経済活動や企業活動に関連する法についての研究は極めて低調でした。法学と言えば、個人と個人との民事関係に関する民事法と、個人が行なう犯罪行為に関する刑事法、それに個人に対して国家権力がどのような作用を及ぼすかに関する行政法が研究の中心なのです。

それゆえ、企業や法人の問題は、法学者の研究領域として重要なものとは考えられてきませんでした。企業に対する行政処分の手続や要件についての研究はほとんどされてきませんでしたし、法人への処罰についても、刑法学の分野ではあまり研究は行なわれてきませんでした。

法律解釈は、民事も刑事も個人中心に組み立てられ、法人たる企業中心の経済活動に即したものではないのが現状です。

密接に関連しあう法律たち

続けてもう少し、法と経済の関係を眺めてみましょう。図4は、企業の経済活動に関して重要な法の体系を示したものです。

国の最高規範としての憲法があって、次に民法、刑法という基本法があります。そして、企業にとって重要な法がいろいろあるのですが、とりあえず主なものとして、ここには会社法、独占禁止法など五つの法律を挙げました。図で示したように、個々の法はすべて憲法もしくは基本法と関連しています。

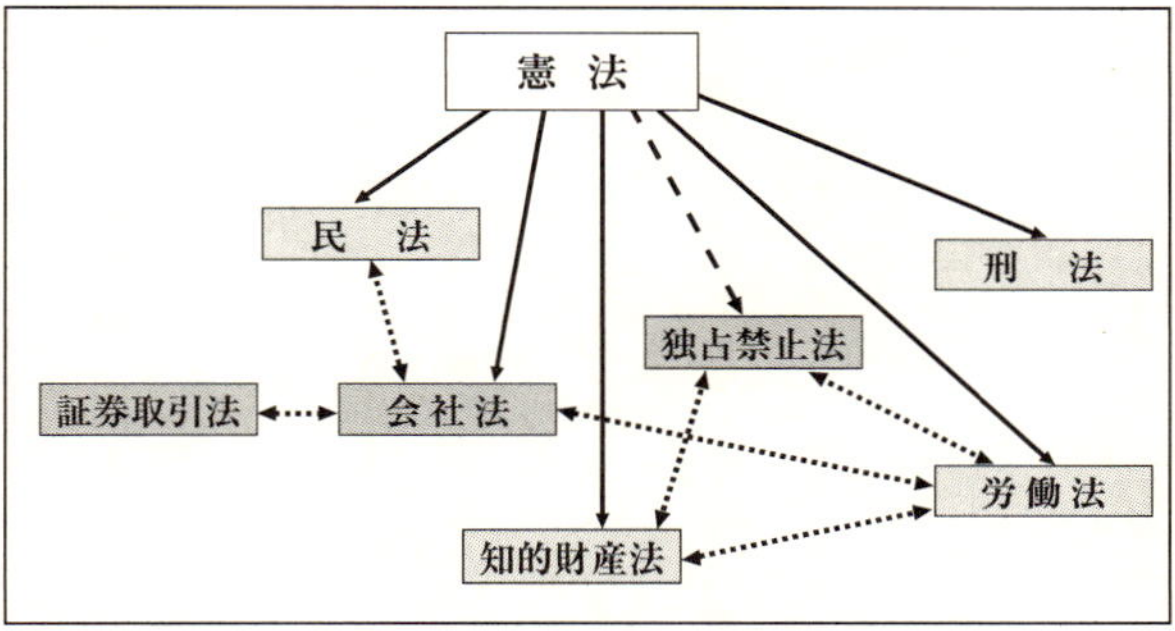

図４　企業法の体系

具体的にいうと、その法の目的が憲法上根拠づけられているかというのが憲法との関係です。また、その法に違反する行為に対してどういう罰則があるのか、どういう処罰が行なわれるのかというのが、刑法との関係です。そして、法律に違反する行為、あるいはその法によってどのような民事上の法律関係が生じるのかというのが民法との関係です。

もう一つ重要なことは、ここに挙げた五つの法律同士も相互に密接に関連しているということです。

例えば、会社法と労働法です。最近の会社法のように会社は株主のものだと考えた場合、労働者である会社員は、株主が利益を得るための事業活動に必要な労務を提供させるために締結している労働契約の相手方で、会社の部外者です。その会社員に賃金を多く支払えば支払うほど会社の財産は少なくなるので、賃金はできるだけ低く抑えたほうがよいということになります。

しかし、これまでの日本では、そのような考え方はとられてきませんでした。会社は単なる株主の利益のための存在ではなく、社員が働く場であり、生活を支える存在として考えられてきました。労働者である会社員は単なる部外者ではなく、給与は会社の利益の分配としての意味を持っていたのです。

多くの場合、労働者の権利を尊重して健全な職場を維持していくことが、結果として会社の利益を伸ばすことにつながります。しかし、会社の置かれた状況によっては、それが株主の利益と対立する場合もあります。会社という存在をどうとらえるか、会社は誰のものかという会社法の問題と、雇用と労働条件をどのように保護するのかという労働法の問題とは、相互に密接に関連しているのです。

この数年で行なわれた改正で、会社法は、株主利益を最大化する方向に大きく舵が切られました。これが一方で、派遣、パートタイマーのような非正規雇用の増加につながったことは否定できません。会社法の在り方を考える際には、労働法の領域のことも考えなければならないのです。

独占禁止法と労働法も、実は密接に関連しています。

独占禁止法は、競争を制限する行為を禁止することで競争を促進しようとする法律です。競争が促進され、その中で他社との競争を勝ち抜いていこうとすると、できるだけコストを切り詰めることが必要で、労働者の保護はその分損なわれることになります。

また競争の結果、非効率な企業が市場から撤退せざるをえなくなる、廃業せざるをえなくなるということも起こり得ます。それは独禁法が促進しようとする競争の当然の結果なのですが、そうなると一方で、労働者の雇用自体が失われる事態も生じます。

こうして、労働者の保護という労働法の目的と、競争を促進するという独禁法の目的とが激しくぶつかり合うことになります。

日本の談合問題の重要な背景になっているのも、この問題です。なぜ談合がシステム化し、非公式のシステムとして継続的に続いてきたのかというと、これによって企業経営を安定させて、建設労働者や技術者の雇用を確保するという機能があったからだとも言えます。それゆえ、談合システムの解消はそう簡単にはいかないのです。

独占禁止法と知的財産法は、もともとぶつかり合う関係にある法律です。

知的財産法は、知的創造を行なった人に、その創造物の独占的使用権を認めて、インセンティブを高めることを目的としています。反対に、競争を促進することを目的としている独占禁止法は、市場を独占することは競争を阻害するとして禁止しています。競争を促進することによって独占禁止法が実現しようとしている価値と、知的創造のインセンティブを与えることによって知的財産法が実現しようとしている価値の両方を、バランスよく実現していくためには、二つの法律が調和するように解釈することが必要となるのです。

しかし、これまで多くの法学者はその専門領域の中だけで物事を考えようとし、タコツボの中に入って出てきませんでした。そのため企業法相互の関係を考え、体系化しようという発想がほとんどなく、それが経済社会における法の機能を阻害していたのです。

実は多くの企業不祥事が、複数の法律の目的がぶつかり合う領域で生じています。その法律の目的と背後にある社会からの要請に加えて、関連する別の法律の背後にある価値観も視野に入れなければ、問題の根本的な解決にはつながりません。それは、企業に関する法全体を体系化して「面」でとらえるということです。

それなのに、相変わらず法令を一つひとつ「点」でとらえて個々の法令違反の問題にしてしまっているのが、形式的な法令遵守の考え方です。それが法令の背後にある社会的要請を全体的に実現していくことを妨げています。

経済活動に介入し始めた検察

司法全般が経済社会に大した機能を果たしてこなかった中で、唯一、大きな影響力を持ってきた司法機関が特捜検察でした。ライブドア事件、村上ファンド事件などでは、特捜検察が経済法令を武器に、経済活動に対して積極的に介入しているようにも思えます。そこで、司法機関の一つである検察とはどのような存在なのか、特捜検察による摘発が経済社会に対して大きな影響を及ぼしていることをどう評価すべきかを考えてみる必要があります。

検察は、日本の刑事司法の中核を担う機関です。検察が果たしてきたのは、日本の刑事司法の機能そのものですが、仕事の内容はといえば地味なものです。

警察が検察庁に送り込んでくる被疑者の多くは、交通違反などを別にすれば、一般社会で普通に暮らしている人間ではなく、犯罪という反社会的行為を行なった特殊な人間です。検察官はそういう人間に対して刑事処罰をすべきかどうか、どの程度に処罰すべきなのかを、適正な手続で集められた証拠で事実を認定した上で判断します。そして、犯した罪を悔い改めさせて更生させるという犯罪者処遇にも関わるのが、検察官の地味な仕事の中身です。

検察の本質的な機能は、犯罪者という逸脱者、異端者を社会から排除することです。また、反省悔悟するのであれば、それを行なわせた上で社会内に戻してやるという「社会防衛」です。簡単に言えば「悪党」を退治することです。

日本の刑事司法は、戦後、治安維持に大きな機能を果たしてきました。犯罪率の低さ、犯罪検挙率の高さは、国際的にも誇れる水準で、世界一治安の良い国との評価を得てきました。刑事司法の中核機関としてそれを支えてきたのが検察でした。

通常、検察が扱うのは、反社会的との評価が明白な行為です。果たしてそのような反社会的行為の事実があったのか、あったのであればどのような動機によるものなのかについての事実認定をすることが仕事です。少なくとも、旧来の日本の刑事司法の機能を前提にする限り、行為の社会的な価値判断をすることは、基本的には検察の仕事ではありませんでした。

そのような検察の仕事は、全体として「社会の外縁部」に関する仕事であり、一般の人や企業が活動する社会の中心部分に関するものでないことは言うまでもありません。

私は、１９８３年から２００６年まで検事として検察庁に所属していたのですが、検事に任官する前に、司法研修所の検察教官に「検察の仕事はゴミ掃除のような地味な仕事だ」と言われたことを今でも覚えています。

検察官の仕事というのは、まさに社会のゴミ掃除なのです。

特捜検察の武器は「贈収賄」

このような刑事司法の世界の中で、唯一、経済社会に大きな影響力を及ぼす活動を行なっているのが、東京地検特捜部を中心とする特捜検察です。

東京地検特捜部の前身は、終戦直後にできた「隠退蔵《いんたいぞう》事件捜査部」でした。戦後の混乱に乗じた闇物資の隠匿、戦後の混乱の中で不当な利益を貪《むさぼ》る「悪党」を摘発するための組織というのが、特捜部の生い立ちだったのです。その後、政治、行政の中枢にいた人物を軒並み逮捕して内閣を崩壊させた昭電疑獄事件、反対に政界の中枢に迫りつつあった捜査が法務大臣の指揮権発動によって中止させられた造船疑獄事件などによって、特捜検察は、政治権力者の不正を摘発する捜査機関という色彩を強めていきました。

実は、これらの事件の背景には政治的策略、検察内部の権力闘争や組織的利害が絡んでいたことが最近明らかにされていますが、当時の国民はそのような事情は全く知らされませんでした。そして、「総理の犯罪」を摘発したロッキード事件によって、「巨悪と対決する特捜検察」のイメージは完全に定着することになりました。

特捜検察は、社会の最も中心に位置する政界の権力者や、その周縁にいる経済人に犯罪者のレッテルを張り、社会の外に排除する機能を果たしました。その手段として不可欠だったのが、「贈収賄」という罪名でした。

いかなる権力者でも、「賄賂をもらった」という事実が明らかになれば、倫理的、道徳的に非難され、それだけで社会的、政治的地位を失うことになります。それだけに、特捜検察では、政治家を贈収賄で摘発するためのあらゆる努力が積み重ねられました。その集大成がロッキード事件だったのです。

しかし、このロッキード事件以降、贈収賄を武器にしたやり方は、次第に困難になっていきました。

いわゆる55年体制の下、自民党の安定政権が続く中で、国会議員の活動の中心は、国会で質問をしたり、議決に加わったりするという本来の議員としての職務権限内のものから、関係省庁に働きかけたり口利きをしたりするという政治家としての活動、族議員としての活動中心に変わっていきました。

そのため、議員が業者側から利益の供与を受けていても、国会議員の職務に対する対価ではなく、政治家としての政治活動に対する対価と考えざるを得ない場合が多くなりました。贈収賄の立件は容易ではなくなっていったのです。

世論に敏感な捜査方針

東京地検特捜部が、未公開株の譲渡という、それまでにはなかった形の利益供与を贈収賄で立件したのがリクルート事件でした。

新聞やテレビの報道をきっかけに表面化した事件だったこともあって、マスコミ報道が過熱する中、東京地検特捜部の捜査で、政治家、官僚、経済人などが贈収賄による摘発の対象とされました。

ただし、一応の対価の支払いを伴う未公開株の譲渡というのは経済行為と見ることも可能なので、賄賂と認めることができるかどうかには大きな問題がありました。また、株譲渡の対象は、政界、官界も含めて広範囲にわたっており、それまで特捜検察が摘発してきたような贈収賄とは異なって、ただちに社会的逸脱行為と評価できるかどうかも微妙でした。そうした中、刑事事件としての摘発の大きな原動力となったのが、マスコミ報道が作り上げた社会的評価でした。

それとは逆に、特捜捜査が、マスコミが作り上げた論調に応えられない形で終わったことで、痛烈な批判を受けたのが東京佐川急便事件でした。自民党のドンであった金丸信氏が受けた5億円のヤミ献金について、上申書の提出と罰金20万円の略式命令だけで決着したことで激しい検察批判が巻き起こり、検察庁の看板にペンキがかけられるという事件まで発生しました。

この事件を契機に、特捜検察の捜査方針は世論に一層大きな影響を受けるようになっていくのです。

求められる経済検察としての役割

特捜検察による政治家の摘発において、反社会性が明白な贈収賄という罪名が適用されてきたことが、行為自体の社会的な価値判断を伴う問題には基本的に立ち入らないことを可能にしていました。

リクルート事件のように、典型的な贈収賄とは性格が異なる、経済行為としての性格ももった未公開株の譲渡を賄賂と認定することは、一つの価値判断を伴うものでしたが、それをあえて摘発の対象にすることを可能にしたのは、前述のようにマスコミ報道に導かれた社会の論調があったからでした。

その後、特捜検察は、ゼネコン汚職事件では、ゼネコン各社と中央・地方の政治家、金融不祥事では証券会社と銀行、大蔵省不祥事では官僚機構の頂点に位置する大蔵官僚という具合に、経済社会の中心で活動する存在を摘発の対象にしていきました。

ゼネコン汚職事件は、談合システムを背景とする建設業界から政治家への恒常的な選挙資金、政治資金の流れに関する事件。金融不祥事は、大蔵省を中心とする護送船団方式の下での閉鎖的、非効率的な銀行経営などの構造的な問題を背景とする事件で、いずれも単純な悪党退治で片付けられる問題ではありませんでした。

しかし、摘発される人物がマスコミ報道で「悪党」と色づけされたことが、「反社会的行為を行なった逸脱者、異端者を処罰して社会から排除する」という刑事司法の一般的な機能の範囲内で扱うことを可能にしました。

最近の特捜捜査では、政治資金規正法違反、独占禁止法違反、証券取引法違反、刑法の談合罪など、以前は摘発の手段としてあまり使われなかった法令が活用され、経済活動に関連する事件が積極的に摘発されるようになっています。

自己責任原則の下での自由な事業活動が保障される一方で、ルール違反、違法行為に対してペナルティを科すことが重要になっており、刑事司法の中核を担う検察が経済事犯に積極的に関わっていくという方向自体は正しいと思います。しかし、問題は、その手法です。

贈収賄という反社会性の評価が確立した罪名での摘発とは異なり、経済法令を適用して経済事犯を摘発することには価値判断が伴います。複雑化、多様化する経済活動の中で発生する経済事犯は、かつての悪党退治のような単純な図式ではとらえられなくなっています。

そのような現状の中、検察に求められるのは、自らが主役になって悪党退治を行なうことではありません。経済社会全体で法の機能を高めていくための原動力を果たす「経済検察」として、経済社会の実態を的確に理解し、公正取引委員会や証券取引等監視委員会などの専門機関も含めた法執行の中核としての役割を果たすことです。

そういう観点からすると、ライブドア事件や村上ファンド事件などのような、従来の悪党退治的な手法の「劇場型捜査」は、経済検察の確立とは全く逆の方向に向かっているように思えます。重要なことは、経済検察として証券市場の公正さを確保するという使命に忠実に応えることです。

第5章　「フルセット・コンプライアンス」という考え方

フルセット・コンプライアンスの五つの要素

第4章で述べたように、アメリカのような法令中心、司法中心の国では、法令を遵守することが社会的要請に応えることになりますから、コンプライアンスを法令遵守と置き換えることにも合理性があります。

一方、日本では単純に法令遵守を徹底しても、世の中で起きている様々な問題を解決することにはつながりません。法令の背後にある社会的要請に応えていくことこそがコンプライアンスであると認識し、その観点から組織の在り方を根本的に考え直してみることが重要です。

「社会の要請に応えること」と書くと、何やら特別なことのように思えます。しかし、本来は組織や人が、それぞれの状況に応じて自然に、当たり前に行なってきたことです。

そういう当たり前のことを、なぜわざわざコンプライアンスなどというカタカナ言葉を使って考えなければいけないのかと、疑問に思われる人もいるでしょう。

多くの人にとって、社会とは、これまでは会社中心でした。会社の利益に貢献することが即ち社会の要請に応えることでした。そして、その会社自体も、戦後の高度経済成長期までは、経済官庁などの行政指導によりコントロールされた経済社会の枠内に属していました。

こうした何重もの構造が定着していたので、個人が社会の要請に直接向き合うことはほとんどありませんでした。官庁も企業も、社会の要請は何かということを自ら考えなくても済んでいたのです。

しかし、そんな状況は、最近になって大きく変わりました。規制緩和の流れの中、自己責任の原則に基づいて自由に事業活動を行なうことが保障された企業は、自ら意思決定することを求められるようになりました。つまり、企業も、企業に属する個人も、社会的要請に直接向き合わなければならなくなったのです。ただ一方で、社会や経済の急激な変化に伴って社会的要請の内容も複雑化、多様化し、それに応じることは簡単なことではなくなっています。

では、組織は、どうしたら社会の要請に応えることができるのでしょうか。

まず第一に、社会的要請を的確に把握し、その要請に応えていくための組織としての方針を具体的に明らかにすること。第二に、その方針に従いバランスよく応えていくための組織体制を構築すること。第三に、組織全体を方針実現に向けて機能させていくこと。第四に、方針に反する行為が行なわれた事実が明らかになったりその疑いが生じたりしたときに、原因を究明して再発を防止すること。そして第五に、法令と実態とが乖離しやすい日本で必要なのが、一つの組織だけで社会的要請に応えようとしても困難な事情、つまり組織が活動する環境自体に問題がある場合に、そのような環境を改めていくことです。

この五つこそが、従来の短絡的な法令遵守の徹底とは異なる、「社会的要請への適応＝コンプライアンス」という考え方なのです。社会の中で組織が存在を認められているのは、その組織が社会の要請に応えているからこそです。それに反する行為が行なわれた場合に、企業の事件や不祥事につながるのです。

私は、これら五つの要素を「フルセット・コンプライアンス」と呼んでいます。

潜在的な社会要請を把握せよ

では、フルセット・コンプライアンスの考え方を具体的に見ていきましょう。

市場経済の中で活動している企業であれば、需要者のニーズに応じて、より品質の高い商品・サービスを少しでも安く供給することで、社会の要請に応えることができます。その程度に応じて企業が利潤を得るというのが、市場原理、競争原理です。需要に応えることは企業の存続の大前提ですから「顕在化した要請」と言えます。

しかし、需要には直接反映されない重要なものがあります。

例えば、CO_2の排出を規制して地球環境を守るという要請です。商品・サービスの需要者にすれば、地球環境を守ることのメリットは直接には感じられません。また、安全の確保という要請も同様でしょう。需要者の利害に直接結びつくものであれば需要に反映されますが、社会全体の安全という問題になると需要にはなかなか反映されません。

それゆえ、こうした要請に応えるためには、何らかの形で法令を定め、法的な義務を課す必要があります。これらは、「顕在化した要請」の背後に隠れて見過ごされがちだという点から、「潜在的要請」と呼ぶことができます。

法的義務の具体的内容が、社会の要請としばしばズレてしまうことは第3章で述べました。また、法令に定められていない重要な社会的要請というのもあるでしょう。しかし、反対に、需要に反映されない社会的要請を知る重要な手がかりを与えてくれるのが法令であるともいえるのです。

自動車メーカーを例に考えてみます。消費者のニーズに応える車を開発、生産して安く供給することのほかに、道路上で危険を生じさせかねない自動車という商品を供給して利益を得ている以上、その危険をできる限り小さくすることも重要な社会的要請です。道路上での危険というのは、ひとたび交通事故が起これば、運転者のみならず、歩行者や他の車の運転者にも及ぶもので、そういう意味では社会全体に関わるものです。そのために道路運送車両法という法律が定められているのですが、そこで課されているリコールなどの義務は、道路上の安全確保の一手段に過ぎません。

見過ごされがちな潜在的要請は複数あり、しかも経済社会の環境変化にともない、重要性は刻々と変化していきます。このような中で企業は、それらを的確に把握し、バランス良く応えていくことが求められるのです。

組織づくりに完成はない

民間企業であれば、その組織体制は通常、需要に応じて利益を得ることに適するように構築されているはずです。さらに、それを需要以外の潜在的要請にもバランス良く応えるためにどのようにすべきか、というのが次の問題です。

先ほどと同様に、自動車メーカーの場合で考えてみましょう。

需要に応えることのみを目的とするのであれば、どのような自動車が求められているかを把握する営業部門と、実際にそれを設計・開発して商品化する技術開発部門の二つを中心とする、比較的単純な組織体制で十分です。一方、自社が製造した自動車を道路上で安全に走行させることを目的とする組織は、自動車を販売することのみを念頭においたものとは全く異なります。

そもそも自動車のユーザーが安全運転に努めてくれなければ話になりませんが、いくらユーザーが安全運転に努めていても、突然、車の車輪が外れるというような不具合が生じたら大事故になります。メーカーとしても、どのような状況でどのような運転をしたときに、どんな不具合が生じるかについての情報を把握して、危険の防止に役立てていくことが必要です。

そのためには、メーカーと、ユーザー、自動車ディーラー、修理工場などの社外とのコラボレーションが重要になります。社内体制としては、ユーザーやディーラーなどの外部からの情報に対応し、それを社内の技術開発部門などに伝えるインターフェース機能を果たす品質保証部門が重要になります。

こうした体制も、一度作ったらおしまいということではありません。社会の状況は刻々と、しかも急激に変化しているのですから、それに応じて常に見直していく必要があります。ここでも「法令遵守の徹底」という考え方は、かえってマイナスです。第3章で述べた「組織の隙間」の問題を思い出してください。各部署同士のコラボレーションを阻害しかねません。

何をしたら、何をしなかったら責任を問われるかということではなく、組織の目的実現のために、自分には何ができるかを考えることが重要なのです。

いかに組織を機能させるか

社会的要請にバランスよく応えるための組織体制を構築しても、それだけでは方針を実現することはできません。組織を機能させる必要があります。そのためにまず重要なことは、組織が何を目的とし何をめざしているか、その実現に関して何が問題になっているかを、全構成員が理解、認識することです。

従来は、従業員に法令の知識を身につけさせることがコンプライアンスのように考えられてきましたが、それは、かえってマイナスに働くこともあります。医療機関が個人情報保護法を楯にとって、事故被害者の家族への安否情報の提供を拒んだのがいい例です。

大切なのは、法令がいかなる社会的要請に基づいて定められているかについて共通認識を持つことです。それによって、法令の本来の目的に沿った柔軟な対応ができます。表面上は条文に書かれていないことでも、その趣旨や目的に照らして、組織がどのような行動を求められているかを考えることができるようになるのです。

さて、組織の末端にまで方針を徹底させることはもちろんですが、その反対に、組織の末端の状況をトップが把握し方針の具体化や修正に結び付けていくことも、組織の機能を高めていく上で重要です。激変する経済社会環境に鋭敏に反応していくためには、現場からの情報のフィードバックが不可欠です。

組織全体を機能させる方法として重要なものが二つあります。一つは内部監査、もう一つが内部通報です。「コンプライアンス＝法令遵守」と考えた場合は、内部監査も内部通報も、社内における違法行為や規則違反行為を発見するための手段ですが、「コンプライアンス＝社会的要請への適応」と考えると、この二つの意味は全く違うものになります。

内部監査は、法令や規則に違反する行為だけではなく、組織の方針に実質的に反する行為がなされていないかも対象とすることになります。そのような事態があれば、それを組織のトップに報告して判断を仰ぐ必要があります。

内部通報制度は、最近のコンプライアンス・ブームの中で、日本の大企業の多くが制度化し、内部通報窓口を設置して社員からの申告や情報提供が行なえるようにしています。しかし担当者の話を聞く限り、そのほとんどは、上司への不満や同僚への妬《ねた》みなどの個人的動機に基づく、比較的軽微なセクハラ、パワハラや、社内規則違反の申告です。

内部通報が本来果たすべき機能は、そのようなものではありません。末端の組織構成員が、直属の上位者から受けた業務命令が組織としての方針に反すると思った場合に、その情報を組織のトップに提供して判断を仰ぐことが重要な機能と考えるべきです。

組織の末端というのは、経済社会の急激な変化に伴って発生する多くの問題を抱えながら活動している、いわば業務の最先端でもあります。それゆえ、上位者からの指示と現場の担当者の判断にズレが生じることもあり得ます。その場合、内部通報によって担当者がトップに情報を伝え、それに対しトップが意思決定を行なうことで、組織全体の鋭敏性を高めることができるのです。

例えば、業界全体で、中小企業との共存を図るための営業活動に関する自主規制ルールを定めていたところ、外国企業が参入してきたとします。ルールどおりのことをやっていたのでは、外国企業との競争に勝つことができないということで、支店レベルでは自主規制ルール違反が横行することになります。

この場合に末端の営業部員は、業界で定めている自主規制ルール違反の事実を内部通報することで、経営トップに組織としての方針決定を求めることができます。中小企業との共存を図る方針をとり続けるのであれば、ルール違反を行なわない方針を徹底することになります。外国企業との競争を重視する方針に転換するのであれば、ルールの変更に向けて企業として取り組むことになります。経営トップは、漠然と「ルールを守りなさい」と命令しているだけでは駄目なのです。

このようにして組織全体が機能することで、社会的要請に応えることができます。これは、企業の事件や不祥事を防止するための最も効果的な方法でもあるので、私は「予防的コンプライアンス」と呼んでいます。

頭を下げただけでは不祥事再発は防げない

企業など組織の活動では、様々な問題が発生します。時としてそれが、いわゆる企業不祥事や事件に発展する場合もあります。これらはマスコミ報道や捜査機関の摘発、監督官庁の行政処分などで表面化する場合もありますが、企業内部の調査で明らかになることも少なくありません。

こうした事態にどれだけ社会的要請を踏まえた対応をとれるかが、速やかに問題を解決するための、または組織としての損失を最小限に抑えるための鍵を握ることになります。

問題が発生したということは、その組織の方針の内容、体制、機能などに改めるべき点があるということです。そうであれば、組織として何らかの措置をとらなければいけないわけですが、そのためにはまず、どのような事態なのか、どこに問題があるのか、その原因は何なのかを究明し、明らかにする必要があります。

その方法は、発生した問題の性格や状況によって異なります。セクシュアル・ハラスメント、就労規則や職務態度に関する問題など、構成員個人の単純な問題であれば、通常は内部調査で事実を解明して必要な措置をとれば済みます。

しかし、社内調査と社内処分だけでは済まされない問題もあります。個人的な問題であっても犯罪行為に当たる場合には、刑事事件として必要な措置をとらねばなりません。

例えば、会社の金が使い込まれたということであれば、会社が被害者として告訴するかどうかが問題になります。また、談合のように犯罪行為が会社の利益のために行なわれたということであれば、公正取引委員会や捜査機関へ申告するかどうかが問題になります。

当局への告訴や申告という措置をとった場合、調査に協力することも重要ですが、ここで留意すべきは、当局の捜査や調査は処罰や処分が目的であって、組織として求められる事実解明や原因究明とは必ずしも一致しないということです。問題が発生した組織として重要なことは、一連の行為が合法か違法かという判定ではなく、その背景事情や原因を明らかにし、再発防止のための是正措置をとることです。

このようなときに行なう事実解明と原因究明が決定的に欠けていたのが、日本の企業や官庁などの組織です。

企業の場合、不祥事が表面化すると責任者が記者会見で深々と頭を下げ、「世間をお騒がせして申し訳ございません」と謝罪します。事実関係について質問されても「捜査中なのでコメントを差し控えます」と口をつぐみます。そして後日、当局が「クロ」と判定をしたら、また記者会見を開いて「申し訳ございません。違法行為を二度と起こさないよう、法令遵守を徹底します」と言って、さらに深々と頭を下げるのが一般的なパターンでしょう。しかし、このような対応で、組織として事実の真相を解明し、本当の原因を究明することなどできません。

官庁で問題が発生した場合は、その責任の範囲が上位者に及ばないように、事実関係を「まとめる」ことに終始するというのがほとんどです。

私が以前、中間管理者として赴任した庁で、職員の過誤問題が発生し、その問題への対応を任されたことがありました。問題が発生した原因を詳しく調べた結果、その職員個人の問題というより、もともと業務量が多かった部署で病欠者が発生したにもかかわらず、何の対策もとらずに放置していたために過重な負担がかかったことが、根本的な原因だということがわかりました。

その点を詳しく報告書に書いて担当の上司に提出したところ、呼び出され、「これでは、庁全体の管理に問題があったということでトップの責任になるじゃないか。君は過誤報告の書き方を知らない。まず、誰の職責にとどめるべき問題かということから考えるのが常識だろう」と言われました。日本の官庁には、世の中には通用しないこういう「常識」がまかり通っているのです。

組織で問題が発生する背景には、必ず何らかの構造的な要因があります。それにもかかわらず、担当者や直接の関係者だけを処分・処罰して一件落着ということにしてしまったのでは、問題は何一つ解決しません。発生した問題の根本的な原因や背景を明らかにして是正措置を講ずること、つまり「治療的コンプライアンス」こそが重要なのです。

世間に問題を認識させる

これまでコンプライアンスというのは、個別の組織や個人ごとに対応すべき問題だと考えられてきました。しかし一方で、個別の企業がいかに努力しても解決が困難な事情も存在します。

つまり、組織が活動する環境に問題が生じている場合です。第1章で述べた、談合システムの下で公共事業を受注している建設会社なども、談合という違法行為を個別企業だけでただちにやめることはほとんど不可能です。

このような、個別の組織の努力だけでは対応が難しい組織の活動環境の問題について、どのように改善するかを考えるのが「環境整備コンプライアンス」です。

ここで重要なのは、問題を広く世の中に認識してもらうことです。そのためには、世の中に対して何らかの形で問題を提起することが必要です。しかし、談合システムの場合がそうであるように、こうした問題には複雑な背景が潜んでいます。問題がありながらも環境が維持されているのは、多くの人や組織の利害が関わっているからです。だからこそ、個別企業の努力では如何《いかん》ともしがたいのです。

また、ことさらに問題提起を行なうと、既存の環境が維持されることを良しとする官公庁などから、有形無形の不利益な扱いを受けることすらあります。法令に違反したかどうかばかりにこだわるマスコミも、問題の本質を理解しようとせず、なかなか取り上げてはくれません。

いずれにせよ、環境整備コンプライアンスは決して容易なことではありません。日頃から組織の活動環境にどのような問題があるのかを把握することに努め、それを是正していくための取組みを地道に行なっていく必要があります。特に、事件が表面化した場合には、その背景を、どのようにマスコミや世の中に理解してもらうかを考えることが重要です。

パロマが陥った罠

これまで述べてきた「フルセット・コンプライアンス」を具体的な事例に即して考えてみましょう。「方針の明確化」「組織体制の構築」「組織の機能の向上」の関係を、第2章で述べたパロマの湯沸かし器事故の問題を通して考えてみます。

「無事故の安心給湯器」というキャッチフレーズは、本来は、安全重視という方針を社内に宣言し、社員をそれに従って行動させるはずのものです。ところが実際は、パロマ工業製の湯沸かし器で一酸化炭素中毒事故が多発し、21名もの死亡者が出ていたということは、掲げられた方針が社内で機能していなかったことを示しています。

このキャッチフレーズが、製品の安全を実現するための「方針」として機能せず、無事故の状態が絶対に守られなければならないという「法令」のような存在になってしまったのです。

経営トップが「当社の製品は安全だ。製品の欠陥による事故など在り得ない」という思い込みをしてしまうと、部下は「当社の製品に関して危険な要素がある」という報告を上げにくくなります。企業内でいつしか製品の安全が絶対化し、それに反する事態が生じることは許されないという雰囲気が生じると、事故情報は隠蔽されてしまいます。マイナス情報が経営トップに上がらないために、製品の安全に対する思い込みは一層激しくなり、ますます正しい情報が上がりにくくなるという悪循環に陥ることになるのです。

では、こうした方針を掲げたことがいけなかったのでしょうか？　そうではありません。「無事故の安心給湯器」という言葉が、製品の安全を最優先課題とする方針として社員に明確に認識され、内部監査、内部通報などの機能を通して、目標に反する事態の防止に向けて鋭敏に反応する体制ができ上がっていれば、安全は確保されたはずです。

同じ方針をたてても、組織の鋭敏性があるかどうかで、その成果はまったく異なってしまうということです。

東横インに足りなかったもの

次は、会見での社長の発言が物議を醸《かも》した東横イン問題です。

問題の内容は、条例で一定規模以上の宿泊施設に義務付けられている障害者施設を、完了検査の段階では設置していながら、その後に撤去や改造をしていたというものでした。条例自体には罰則がありませんでしたが、東横インの社長が「時速60キロ制限の道を67～68キロで走ってもまあいいかと思っていた」と開き直ったような発言をしたことで、激しい社会的批判を浴びることになりました。

「コンプライアンスとは社会的要請への適応である」との観点から、この問題を考えてみましょう。

会見では非難を浴びたものの、この東横インという会社は、それなりに「顕在化した要請」、つまり需要に応えていたことは確かです。この会社が経営するホテルは、駅近くの便利な場所にありながら、朝食付きで5000円前後で泊まれます。終電時間を過ぎたら高い金を払ってタクシーで帰るか、カプセルホテルに泊まるしかなかったビジネスマンでも、無理なく快適に宿泊できるのです。

それだけの低料金で提供できるのは企業努力の成果です。また、支配人のほとんどが女性だということも、女性にやりがいのある仕事の場を提供するという面で、一つの社会的要請に応えていると言えるでしょう。

社長の開き直った発言の背景には、社会からの要請に十分に応えてきたという自負があったのではないかと思います。その一方で、ホテル業者として障害者福祉の向上に貢献するという「潜在的要請」が存在することを見過ごしていました。条例という「法令」の背後に存在している社会的要請です。

ホテル業者であれば、この二つの社会的要請にバランスよく応えていくことが求められるのですが、それを妨げていたのが制度上の問題です。条例は、一定規模以上のホテルに、一律に障害者施設の設置を義務付けていました。つまり、条例を遵守して障害者施設を設置しようとすると、その分のコストがかかり、格安サービスを提供する負担になるのです。「潜在的要請」を無視して、「顕在化した要請」に応えることだけに突っ走ったのが東横インでした。

このやり方の最大の問題は、違法行為によって利得を得ていた点です。

ホテルの業態から考えると、障害者施設を設置しても車椅子で通るには廊下が狭いなど、障害者の積極的な利用は期待できなかったかも知れません。そこで、違法を承知で一般の施設に転用すれば、確実にその分の利益を得ることができるわけですから、他の業者と比較して競争上優位です。しかし、これは明らかにアンフェアです。違法行為による利得が発覚すれば、激しい社会的批判を受けるのは当然です。

これまでに何度も述べてきたように、法令が実態と乖離していて制度が不合理な場合には、単純に法令を遵守していくことが社会的要請に応えることになるとは限りません。違法行為を行なわないという選択が極めて困難な場合もありえます。しかし、この東横インの場合は、障害者用施設の設置に関する制度の是非を議論する余地はあったにせよ、定められた条例に違反しない範囲で業務の効率性を追求することは十分に可能でした。

敢えて制度の不合理を問題にしたいというのであれば、例えば障害者施設を設置していないことによって得られる利益全額を障害者団体に寄附するなど、違法行為による利得を残さないようにした上で問題提起をすべきだったと思います。

終　章　眼を持つ組織になる

法令は環境変化を知る手がかり

近年、法の背景となっている社会環境の変化は急激です。組織には、それを敏感に感じ取って応えていくことが求められています。

独占禁止法の運用強化、談合排除キャンペーンの中で、公共工事の競争をめぐる状況が大きく変わったことは、これまで重ねて述べてきました。公共工事の施工に関わる企業にとって、それまではあまり求められなかった価格競争の要請に応えることが、大きな課題になっています。それと同時に、安全の確保という社会の要請は、いかなる経済状況においても、絶対に守らなければなりません。

第4章で述べた、会社法と労働法、独禁法と労働法、独禁法と知的財産法などの相互関係も、社会変化に伴って大きく変わっていきます。

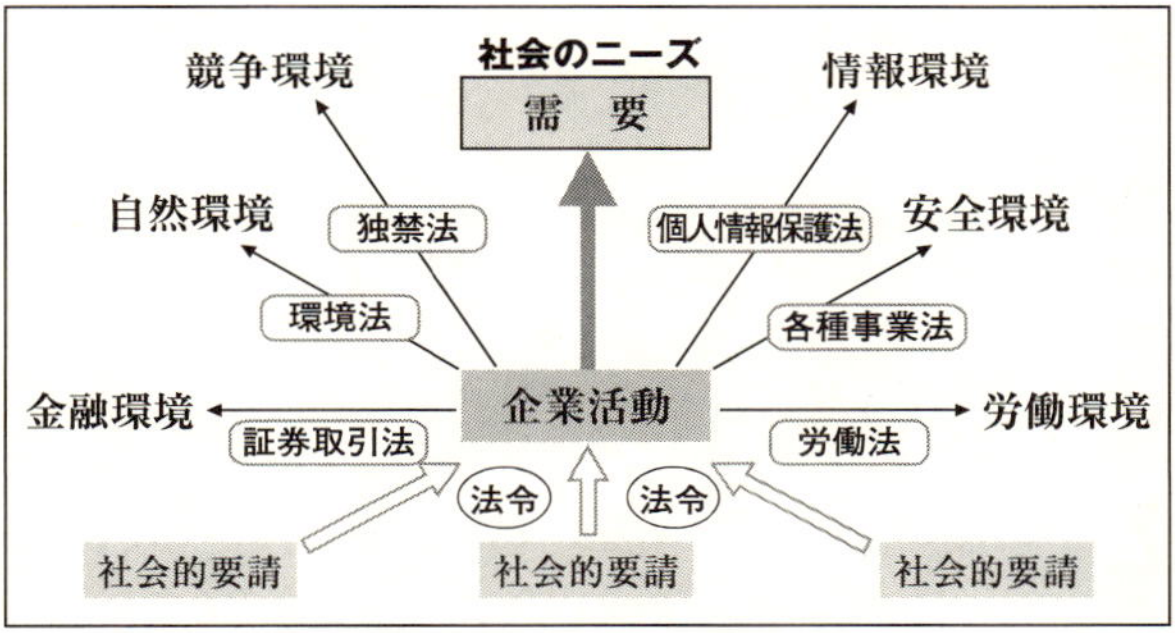

図5　コンプライアンスと環境適応

会社は誰のものなのか、労働者は会社の中でどう位置づけられるのかということに関して、ここ数年で考え方が大きく変わりつつあり、それが会社法の改正に結びついています。競争が徹底される結果、労働者の失業という事態を招くことに対して、どう対応したら良いのか。安全の確保の問題と並んで、真剣に考えなければならない問題です。

情報化社会が進み、知的財産の価値が一層大きくなる中で、知財戦略という言葉が使われることも多くなりました。それに対し、独禁法違反による摘発という刃《やいば》が突きつけられる可能性も大きくなっています。

こうした企業活動と社会の様々な環境の関係について、全体的なイメージを示したのが、図5です。この本で私が述べてきたことのおさらいも兼ねて、順に見ていくことにします。

企業活動は、需要を通じて社会のニーズに応えるものでなければいけません。企業活動を取り巻く環境には様々な要素があり、それぞれの要素について法令が定められています。個々の法令の規定を遵守するだけでは、環境全体に適応することはできません。法令は、環境の変化を知るための手がかりとして重要なのです。

環境変化と企業活動

情報技術の進歩は、個人や組織が多くの情報をインターネットによって瞬時に入手できる「情報環境」を出現させました。そして、情報の流通速度の飛躍的な向上とソフトウェアの高度化が、その環境を大きく変化させました。ウィニーによる情報の大量流出問題などは、情報環境の激変に対応できなかった組織が起こした問題です。

このような問題に関する法令が、個人情報保護法や不正アクセス防止法などです。小難しく言えば、従来の法体系というのは、個人の意志と行為に基づく、物理的な管理が可能な有体物をめぐる権利を規律することが中心でした。しかし、情報には形がありませんし、無限に拡散しますから、人の意志による物理的な管理など不可能です。情報を中心とする社会に法体系自体が対応できなくなっているということが根本的な問題なのではないかと思います。

「安全環境」も、このところ激変しています。伝統的な民事法の考え方では、企業活動によって誰かが死傷した場合、その死傷によって発生した損害すべてに賠償責任を負うというわけではなく、故意又は過失が認められる範囲に限られていました。それが、企業活動の高度化、大規模化に伴って、一定の危険がもともと含まれているような事業分野については無過失賠償責任が認められるようになってきました。また、製品の欠陥によって他人の生命、身体または財産が侵害されたときに、製造業者に対して、その損害についての故意・過失の有無を問わず賠償責任を負わせる製造物責任法もできました。

このように安全に関する企業の法的責任が強化される中、最近では、法的責任の範囲を大きく超えて社会的責任を追及されることも珍しくありません。法的な責任を回避するためのベスト・プラクティスを続けてきたのに、大きな社会的非難を浴びることになったパロマの事例はその典型です。

「競争環境」も、企業活動にとって重要な問題です。良いものをいかに安く供給するかという競争が健全に行なわれる公正な市場が維持されていれば、そこでの企業の活動は世の中のニーズに応えたものになります。これに関連する法令が独禁法です。

しかし、「競争」をどのようにとらえるかというのは難しい問題です。単純に独禁法を遵守することが必ずしも社会の要請に応えることにならないことは、公共調達をめぐる談合の例からも明らかです。しかも、競争原理を徹底することによって、例えば安全や労働者の利益などといった他の価値が損なわれることもあるのです。

銀行融資などの間接金融中心から、証券市場での直接金融への転換は、「金融環境」を大きく変えました。間接金融には、融資先が固定化され、ベンチャー企業に資金が回りにくいというデメリットがある反面、資金使途について継続的なチェックが働くというメリットがあります。

一方の直接金融は、多数の投資家の意思に基づく民主的資金調達なので、新規事業への投資が促進されるというメリットがありますが、逆に、資金使途に対するチェックが働きにくいというデメリットがあります。また、証券市場の公正さが確保されないと、投資家に不測の損害が生じることになります。

ライブドア事件は、証券取引法が十分に機能していないために証券市場の公正さが確保されていないという、日本の金融環境の劣悪さが表面化したものです。どのようにして、健全で公正な金融環境に近づけていくか。企業活動を行なう側にとっても重大な問題です。

「労働環境」にも大きな変化が生じています。かつて労働とは、自分の肉体以外に財産を持たない者にとっての唯一の生活の糧《かて》でした。できるだけ短い労働時間で、できるだけ多くの賃金を得ることが、労働者の利益そのものでした。しかし、そのような19世紀的な労働観では、現状はとらえられなくなっています。

企業の従業員の多くにとって、労働は自己実現の場でもあります。かつては、労働の内容は単純で、それによって生み出された生産物は資本家のものになるだけでしたが、現在は知的な要素が大きくなっており、労働から知的な創造が生まれます。労働条件の向上を図り、労働者の雇用を守るという労働法の目的を実現するためには、まず労働環境の質的変化を的確に把握することが必要です。

そのほかにも、CO_2の排出規制といった「自然環境」への適応など、様々な要素の環境が存在し、また、それらは相互に密接に関連しています。企業は、こうした環境全体の変化を的確に把握し、適応していかなければならないのです。

組織は「環境への適応」で進化する

「環境への適応」というと、どこかで聞いたことがある方も多いのではないでしょうか。そうです。ダーウィンの進化論の中に出てくる言葉で、環境に適応できた種だけが生き残っていくという考え方です。

これは組織についてもあてはまるのではないかと思います。生物にとって「環境への適応」が進化につながるのと同様に、組織も環境に適応することによって進化するのです。

生物は、気が遠くなるような長い時間をかけ、数え切れないほどの個体の生死を経ながら環境に適応していきます。これに対して、組織の進化というのは、組織が同一性を維持しつつ、世代を超えて存続し続けることが前提です。そして、自らの意志と行動により積極的に適応することが、組織にとっての進化なのです。

では、急激に変化する環境に適応して組織が進化するためには、何が必要なのでしょうか。

それは、組織の構成員が社会的要請に対して鋭敏に反応すること、加えて、それが組織の方針と活動に結びつき、組織自体が社会の要請に鋭敏に反応することに尽きます。

社会環境が大きく変化しているにもかかわらず、残念ながらこれまで、組織はあまり進化してきませんでした。組織は今こそ、爆発的に進化する必要があります。これに関して、重要な示唆を与えてくれる例があります。長い地球の歴史の中で、過去一度だけ起きた生物の爆発的進化です。

眼を持つ組織になる

5億4000万年余り前、古生代カンブリア紀初頭の話です。その時、生物は爆発的に進化しました。生命の誕生から30億年以上、バクテリアやクラゲのような生物ばかりで遅々として進まなかった進化が一気に進み、三葉虫などの多種多様な生物が生まれたのです。

進化の大爆発はなぜ起きたのか。最近有力になっているのが「光スイッチ説」です。この時代に、何かの原因で地球上の光の量が増加しました。それに生物が反応し、初めて「眼」を持つようになったことが、彼らを劇的に変えたというのです。

眼を持つと、獲物を認識して追いかけていって捕まえることが可能になります。これは、それまでのように海中に浮遊している獲物が口に入るのを待っている状態とは全く違います。また逆に、食べられる方の生物も眼があれば、敵を見て逃げることができます。眼を持ったことが、外界を認識し、最適な行動をとることにつながりました。多種多様な生き方が可能になったことが、生物の爆発的進化をもたらしたのです。眼を持ったことで、生物の世界は激変したのです。

同じことが、人間の組織についても言えるのではないでしょうか。

組織は、急激な社会環境の変化の中で、その活動を環境全体に適応させていかなければいけません。現在起きている変化のスピードは、昔とは比較にならないほど急激なものになっています。しかし、組織の意思決定のメカニズムと、そこで働く人の基本的な考え方はそう変わっていません。それでは、かつてのような緩慢な変化には対応できても、急激な変化には到底適応できないのです。

組織にとって不可欠なのは、社会の要請と周囲の環境変化をすばやく認識する鋭敏性です。それが実現できるのは、単なる上命下服のトップダウンの形態でも、根回し中心のボトムアップの組織でもありません。組織の構成員全体が鋭敏性を持ち合わせ、それが組織全体の鋭敏性として高まっていくことです。

つまり、組織が「眼」を持つことです。構成員一人一人の鋭敏性が組織としての鋭敏性に昇華し、社会環境という光に反応し始めたとき、組織には「眼」が生まれます。

そこから、組織の爆発的進化が始まるのです。

あとがき

本書で取り上げた談合問題や証券取引法違反事件に関しては、その後もいろいろな動きがありました。

2006年5月から始まったライブドア事件の公判では、堀江貴文被告が起訴事実を全面的に争い、検察との激しい対立が続いています。その中で、検察がライブドアのナンバー2と位置づける宮内亮治被告らが、堀江被告に無断で1億5000万円ものお金を自己が管理する銀行口座にプールしていたこと、その一部を私的に流用していたことが明らかになりました。弁護側は「特別背任や業務上横領を不問に付して、それより軽微な粉飾決算の事実で堀江を起訴するのは正義に反する」という趣旨の主張をし、公訴棄却を求める異例の展開になっています。

村上ファンド事件でも、捜査段階で被疑事実を認めたとされていた村上世彰被告は、2006年11月に始まった公判では、検察の主張に真っ向から反論し無罪を主張しました。第2章でも述べたように、この事件をインサイダー取引と捉える検察の主張にはもともと無理があり、今後の公判の展開は予断を許しません。

ホリエモン、村上世彰という時代の寵児《ちょうじ》に狙いを定めて行なわれた「劇場型捜査」は、公判で次々と綻《ほころ》びを見せています。

また、2006年秋に入って、検察や警察による、談合罪での摘発の動きが活発化しています。福島県、和歌山県、宮崎県などで受注業者、県の幹部、県知事の近親者などに加えて、県知事までもが談合罪で逮捕されるという事態です。

このように談合罪の適用が容易になったのには、いくつかの要因があります。

まず、業者側が改正独禁法の施行にあわせて談合決別宣言をしたために、徹底して隠蔽してきた過去の談合事実を否定できなくなりました。また、最近相次ぐ極端に安い受注価格との比較で、かつての受注価格が「談合によって吊り上げられた価格」だと捉えやすくなったのです。

もう一つの大きな要因は、談合罪の共犯が大幅に拡張適用されていることです。以前は、入札参加者間での話し合いや、入札価格の連絡などに関与することが談合の共犯と考えられていました。しかし、福島県の事件で検察は、県知事の実弟が談合システムを前提にして受注予定者の決定に影響力を及ぼす行為を「談合罪の共犯」と捉えて逮捕しました。そうした法の拡張解釈も、談合批判の世論が高まりを見せる中、当然のように容認されました。それが、その後の和歌山県知事の談合罪での逮捕につながり、今後も燎原《りょうげん》の火のごとく全国に拡大していく可能性があります。

独禁法という法令の「遵守」から始まった制裁強化は、捜査機関の積極的な摘発の動きに飛び火し、一層大きな破壊力を及ぼしつつあります。

最後に、終章で述べた組織の爆発的進化に関して、私が経験した例をお話しして、この本を締めくくりたいと思います。それは、冒頭に引用した「長崎から日本を変える」と題する随筆を書いた後の、長崎でのことです。

2002年10月初めに地元紙に寄稿したこの随筆は、実は翌年の1月になって全国的な注目を集めることになりました。随筆の最後を、私はこのように締めくくりました。

《江戸時代、日本で唯一西欧に開かれていた長崎。しかしわれわれが、贈収賄、談合などの公共工事をめぐる事件や公的助成金の不正受給事件、破産犯罪などの刑事事件を通して垣間見る長崎の現状は、非「法治国家」的日本の構造そのもののようにも思えます。「長崎から日本を変える」、先日、市内電車の中でたまたま目にした専門学校の広告のフレーズが、妙に印象的でした。真の法治国家に向けて日本が変わろうとしている今、長崎にも大きな変革が求められています。》

その頃、長崎地検では、政党への政治献金が絡む事件の独自捜査に取り組んでいました。通常の事件は、まず警察が捜査して事件を検察庁に送致し、検察官がさらに捜査をして処分を決めます。独自捜査というのは、最初から最後まで検察庁だけで捜査を行なうことです。特捜部というのは、そういう独自捜査を専門に手がける部署です。

この捜査がそれから数ヶ月後、自民党長崎県連の幹事長（逮捕直前に辞職）と事務局長を逮捕するという事態に発展します。それが全国紙の社説でも取り上げられ、国会での「政治とカネ」の議論に火をつけたことで、週刊誌がこの随筆のことを取り上げ「次席検事が宣戦布告していた」などと書いたりしたのです。

長崎地検は支部を含めて検事正以下10人という小規模な検察庁で、その陣容で県内の刑事事件すべての処分を行なっています。東京や大阪の特捜部のように、独自捜査に専念できる余裕はありません。そのような地検が、地方組織とはいえ、政権政党の地方組織そのものの集金構造にメスを入れるというのは、検察の歴史の中でも前代未聞のことでした。

1年ほど前の長崎地検は、日常的な事件処理に追われ、独自捜査に関しては素人の集団でした。それが、いくつかの経済犯罪の捜査に取り組み、高いハードルを乗り越えて進んでいく中で、いつしか最強の捜査軍団に変わっていました。

その頃、長崎地検に寄せられた激励文の中に、「長崎県民」と名乗る人からの、次のような手紙がありました。

《何か狐につままれた感じがします。
今起こっていることは現実なのでしょうか？　まるで夢を見ているようです。夢なら覚めないでほしい。
私は「法と正義」など単なる馬鹿話だと思っていました。そう思わざるを得ない事情が以前あったからです。（中略）しかし現在長崎地検が「真の法治国家」に向けて行っている一連の捜査を見て感動を覚えます。》
《政権政党自民党の県連に家宅捜索に入るなどとは前代未聞の話です。ソ連共産党にKGBが入るようなものです。とても考えられない。》
《検察の中には三井環元大阪高検部長が告発しているような問題も確かにあるかもしれません。検察官も裁判官も人間ですから弱い部分もあると思います。しかしそれを何とか克服しながらがんばってほしいものです。》
長崎地検の捜査は所詮《しょせん》刑事事件の話で、一般企業などの組織とは違うと言われるかも知れません。しかし、この時の長崎地検の捜査には、単に刑事事件を一つひとつ適正に処理していくというのとは異なった要素がありました。

その目的は、公共工事をめぐる談合システムと腐敗構造を明らかにすることでした。長崎の経済の中心部で起こっている問題について真実を解明するという仕事は、従来の日本の刑事司法が対象にしてきた「悪党退治」「異端者排除」とは違うものだったのです。

市民の期待に応える、社会の要請に応えるという使命感があったからこそ、捜査班メンバーを中心とする長崎地検職員は一丸となって捜査に取り組み、それが組織の爆発的進化につながったのです。

読者の皆さんが属する組織でも、それは十分に起こり得るのだということを最後にお伝えしておきたいと思います。

２００６年12月

郷原信郎

主要参考文献

『指揮権発動』渡邉文幸、信山社
『眼の誕生　カンブリア紀大進化の謎を解く』アンドリュー・パーカー著、渡辺政隆・今西康子訳、草思社
『ヒルズ黙示録　検証・ライブドア』大鹿靖明、朝日新聞社
『ヒルズ黙示録・最終章』大鹿靖明、朝日新聞社
『独占禁止政策五十年史』公正取引委員会事務総局編
「特集　止まらない品質トラブル」「日経アーキテクチュア」（2005年8月22日号）、日経BP社
「耐震性能不足建築物問題の論点整理」岩橋健定、季刊「コーポレートコンプライアンス」第6号、桐蔭横浜大学コンプライアンス研究センター

郷原信郎　1955（昭和30）年島根県生まれ。東京大学理学部卒。東京地検特捜部、長崎地検次席検事などを経て、2005年から桐蔭横浜大学法科大学院教授、同大学コンプライアンス研究センター長。

Ⓢ新潮新書

197

「法令遵守《ほうれいじゅんしゅ》」が日本《にほん》を滅《ほろ》ぼす

著　者　郷原信郎《ごうはらのぶお》

2007年1月20日　発行
2007年3月10日　6刷

発行者　佐　藤　隆　信

発行所　株式会社新潮社

〒162-8711　東京都新宿区矢来町71番地
編集部(03)3266-5430　読者係(03)3266-5111
http://www.shinchosha.co.jp

印刷所　株式会社光邦

製本所　株式会社植木製本所

ISBN978-4-10-610197-7 C0236